如何用早起取得成就

4步养成一个好习惯

每天对付三只青蛙

构建知识体系

100天阅读进化训练

成为职场达人

做职场学霸

男

原名

彭君

简书作者

关注度排行第一位

彭小六

计算机科班出身，做过8年程序员，3年项目管理，现任一家江苏上市半导体企业做IT主管，负责集团IT信息化建设和互联网转型产品开发。会带团队，会玩手绘，会画思维导图；擅长个人知识管理，也经常做内部培训。会玩单反，喜欢拍人文纪实，会做PPT，也会UX。喜欢读书，更喜欢做分享；懂互联网思维，也在进行O2O创业。他是万恶的处女座。

现年32岁，2014年4月开始在简书练习写作，一周一本读书笔记，练习了40周；而后转入阅读和知识管理领域，完成职场学习系列文章近17万字，涉及时间管理、知识管理、思维导图、PPT、项目管理、产品管理等话题。

想要了解作者更多信息，可以扫码关注

随书附赠高效实用工具手册

你的工作就是一种创业，你的每一个任务，都是在做产品。你的老板就是你的天使投资，每一次项目都是你锻炼自己创业技能的机会。

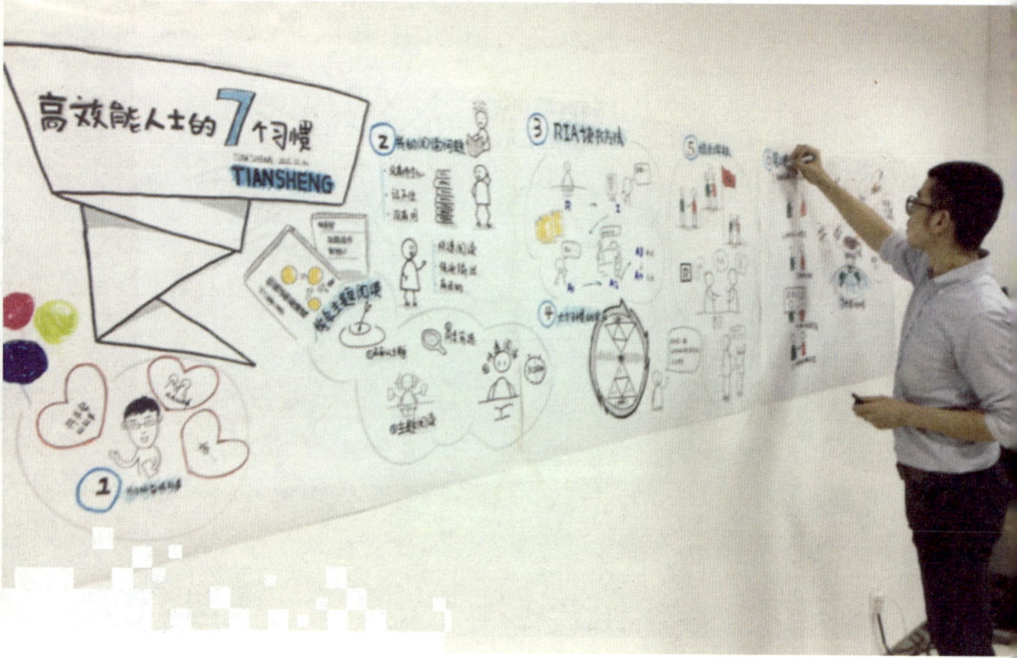

我能做的就是把自己走过的路、爬过的坑跟你叙述一遍；我写文章的目的不是让你绕过哪些大山和深坑，而是告诉你，尽管你会遇到这些大山和深坑，但是没事儿，你会扛过去的。

你若努力，全世界都会为你制造机会。

当生活、工作的压力越来越大时，唯有成为高效能的人，才可以拥有高质量的人生。

——米格格 简书签约作者

六哥的文字说服力十足却毫不矫情。字里行间的质感，值得每一个想要努力的人用心学习。

——紫健 简书签约作者

用一颗匠人心，着一手细致活，想一段踏实文，写一本实用书。

——鹿人三千 简书签约作者

六哥文章，非常实用，有方法，有目标，能迅速明白自己短板，并随之去行动，是现在浮躁社会的一剂良药。

——洛洛莉ya 简书签约作者

这是一个浮躁喧扰的时代，这是一本用心整合的书籍。它把碎片化的时间凝聚成力量，六六这本书，将告诉你什么是完美的实用派。

——巫其格 简书签约作者

其他 评论者

杨小米：六哥调侃自己为产品狗，不过狗可没他这么高效。一个本应是胡子拉碴的IT男，在有限的时间里，完成了从0到1的转变，又以迅雷不及掩耳之势完成了从1到10的裂变，堪称是高效行动力的典范。这本书就是六哥从血肉里榨出来的纯干货，把大脑准备好，开始一场干货品味之旅吧。

—— 杨小米 简书签约作者

读六哥的文章总有一种偷窥武林高手"武功秘籍"的感觉，如果你想优化自己的时间管理，如果你想快速吸收职场干货，六哥这本书会是很好的选择。

—— 林夏萨摩 简书签约作者

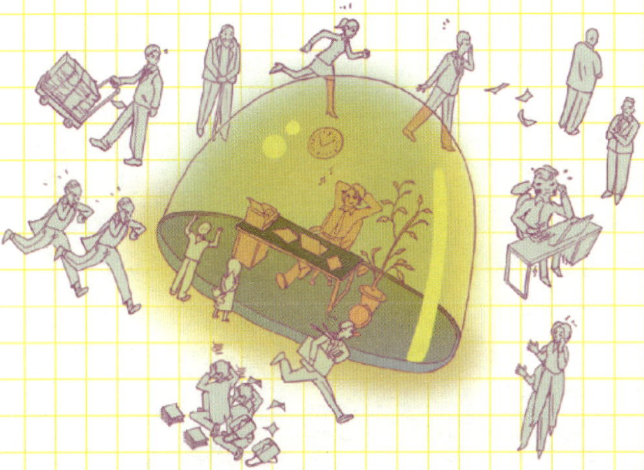

让未来现在就来

成为高效能的行动派

彭小六 著

中国铁道出版社
CHINA RAILWAY PUBLISHING HOUSE

向彭小六学习

去年，简书开始推出“作者签约计划”，彭小六成了简书签约的首批作者，随后，在简书的签约作者之中，小六很快有了一个外号——六神。

如果你看过彭小六的文章，就知道“六神”绝非浪得虚名，身为公司部门负责人，彭小六在工作之余，还能游刃有余地大量读书、写文章、做活动，在我们的简书签约作者微信群中，也没少见他同其他作者们嬉笑打闹。别人的时间靠挤都未必挤得出，小六的时间却像黄河之水一般滔滔不绝。你也许会问，他哪来的这么多时间呢？读了本书，你就知道是怎么一回事了，不仅如此，你也可以像小六一样，选择一种更加积极与高效的生活方式。

互联网上流行的文章，除了那些本身易于传播的谣言或是八卦以外，有相当一部分是心灵鸡汤，这一类文章，近年来逐渐招致越来越多人的反感。原因在于，典型的心灵鸡汤往往会先抛出一个问题，再描绘一个解决问题之后的美丽新世界。具体到最重要的部分，即如何解决问题，那些心灵鸡汤的故事或文章往往一带而过。它所提供的解决方法，常常可以归结于两个字——坚持。生活不如意，坚持下去就有希望；工作不顺心，但不能放弃；爱情不如意，不用怕，水滴总会穿石。总而言之，只要坚持，总会达到目的。

是这样的吗？出发去某地，即使方向反了，只要坚持到底，仍然会到，毕竟地球是圆的。但这样一种坚持的结果，并不是大多数人所需要的。心灵鸡汤之所以招人反感，在于它们过度强调坚持，而忽略了方法。小六的文章，不仅仅倡导一种积极而高效的生活方式，而且提供了为实现这种生活方式的方法。

日本作家村上春树十分高产，除了小说、随笔或是翻译之类作品著作等之外，居然还是经常参与马拉松的长跑选手。要知道，跑马拉松并非偶尔跑一场那么简单，需要长年累月的锻炼做积累。村上春树哪来的这么多时间呢？据说他每天早上 5 点钟起床。早上 5 点起床，说起来简单，如何才能做到？村上春树从未说过。读小六的文章，你就能找到答案，而且是切实可行的操作办法。

关于 5 点起床这种时间管理方式，完全可以写一本书出来——而村上春树关于跑步这件事都能写一本书。读小六的文章，每篇都使人受益匪浅，把这本书的每篇文章单独拿出来，扩写成书，也不是不可能，然而小六却大方地在一本书中提供如此之多的精华，使读者们能够花较少的时间掌握各种时间管理的技巧，在职场、阅读、写作等方面得到提升，可见这个卓有成绩的时间管理者，不仅实至名归，而且以身作则。

我喜欢读彭小六的文章，但也时常感到羞愧，毕竟因为自身的懒散经常会浪费一些时间。羞愧之余，又常常有相见恨晚的感觉——要是能早读到这些宝贵的建议该有多好。以前只是在网上零零星星地读到小六的文章，但是东鳞西爪，读起来不成系统，本来就是要学习时间管理的知识，反倒无法高效地利用时间。如今有了这本书，给读者们带来了极大的方便，写下这篇序言的同时，我也下定决心，要更加努力地向彭小六学习。

简书主编，《笑话方法论》作者 刘淼

简书第一作者为你从眼花缭乱的信息源中理出一根线来

简书的签约作者有个微信群，群里的写作者都很努力，忙于读书、写稿，比如我，比如小六。我们都用简书，但最活跃的平台各不相同，小六是简书最活跃的，现在简书粉丝数第一，说他是简书第一作者，丝毫没有夸张的意思，数据摆在那儿。你去看看他的文章，每篇都是热门，阅读量上万，喜欢数上千，很多打赏，是简书第一红人。且这红人不是说笑打骂搞娱乐的，是实打实写文字的，写干货的，有内涵的。现在，简书第一红人终于要出书了。

书里写的什么呢？简单地说，两个字：高效。如何高效学习？如何高效阅读？如何构建知识体系？如何写作……当然了，这些标题你在网上看过很多类似文章，或者也看过类似的引进版的工具书。可是，受用有多少呢？还记得多少呢？小六文章的魅力就在于，条理清晰，逻辑明朗，直接有效，一点水分也没有。为什么？因为他的方法论更接地气。

通读他的文章可以发现，他并不是站在一个所谓大师的角度来教育大家如何如何的，他是通过大量阅读、写作、逻辑分析等方式，咀嚼体会之后，将他的学习方式、学习心得分享给大家，都是挑的真实有效的，不是假大空，为你从眼花缭乱的信息源中理出一根线来。我很喜欢这种平民路线，朴实，接地气，这一点从小六在简书上的文章被大量评论交流就能看出。很多人问他看了哪些书，这都是很实在的读者反馈，说不了谎，做不了假。

同为写作者，虽然我和小六方向不同，他偏重效率和干货，我偏重生活随感，但我很喜欢他的读书方式。虽然所读内容的方向也不太相同，他偏工具书，我偏文艺类小说，但方式是一致的：高效阅读，写笔记，整理分析，分享感悟。再没有比“分享”更好的学习方式了。给他人分享心得的同时，自己也有了深层次的巩固，这一点小六的文章里也有提到。通过大量阅读构建强大的知识体系，逐条梳理。这是我很欣赏小六的地方，他经常买书看书，从他的旁征博引里就能看出来。不要以为人家写文章是空想，守株待兔，都是付出辛苦劳动的。

且足够坚持不懈，这一点，从小六每天早上固定刷屏的早起打卡就能看出。坚持早起的人，自律性极强。能逃脱温暖被窝的人，还有什么能束缚得住他？简书首页天天有他的名字，天天有他的热文。这可不是一般的恒心。同一个写作群的，大家伙儿都没这么积极。我常在群里说“要努力得像只母鸡，前脚刚下蛋，马上又怀孕”，因为我们写文章就跟下蛋一样。但实际上真像母鸡一样有效率的，非小六莫属。

手绘达人是小六的另一个美誉。作者群里，大家写作方向各不相同，但只有小六一个是图文并茂，谁叫人家会手绘呢！为什么说他的文章条理清晰？因为别人只是文字，他还有顺序图！看文字头晕眼花，手绘图足够简明扼要吧！一看都明白了。这也是小六的文章很受欢迎的原因之一。我很庆幸他的手绘图也会选到书里，不然得是读者们多大的损失啊！

注重高效、喜欢阅读、爱好手绘的朋友，千万不要错过小六的这本书。一定会有所受益和提升。这是小六的第一本书，小六以后还会出很多书的。我相信他。出书这件事，我与他共勉。

徐沪生

已出版《少年啊，前路漫漫》《让未来的你，感谢现在的自己》

做高效能的 行动派，成为更好的自己！

熟悉小六的人都知道，他是一名典型的“斜杠”青年，从来不认为人生只能有一个版本。虽然他是一名程序猿，还是一名产品狗，而且最近又升职了，但是他的业余时间，是穿梭在不同的身份版本里的，是讲师，是咨询师，是策划人，是拆书家，是手绘老师，也是一名受欢迎的作家。

在生活中小六还在学习吉他，听说最近他又开始计划去武汉读心理学的研究生了。他的人生啊，似乎活出了很多人的几辈子。

在互联网时代，很多人通过学习和分享，让自己的副业做得比主业还要好，但是小六不同，他在做副业的同时，丝毫不落下自己的本职工作，成功实现了副业和主业的双丰收。他的每一个“斜杠”，都是通过自身努力突破行业界限的勋章，每一种身份，都满足了自己对该领域的兴趣爱好，而所有工作的组合，都指向他最终的职业理想：自主的、多元化和有趣的，同时又能经济独立的生活。这是很多人希想和向往的职业状态。

大约一年前，小六还是一位名不见经传的公司职员，每天做着日常的工作。但是在 2015 年初，他开始每天写一篇书评，然后进行拆书。平均一个月保持 10 本书的阅读量或许不足为奇，但难得的是他在学习充电的过程中，一直坚持不断的输出。每周 3–5 篇的文章量促使他逐渐深度思考，形成自己独到的见解和体系，于是他有了一大波粉丝，还被邀请参加各种线上和线下的分享。

有的人从繁忙中走向事业的成功，家庭的幸福；而大多数的人却从忙碌中走向碌碌无为。抛开天赋禀异的微小差别，最关键是我们如何对待时间，如何管理时间，进而管理自己的人生。

为何小六可以在做本职工作的同时，在业余时间发展如此多的兴趣爱好，不断为自己学习充电，不断的去分享呢？相信很多人都会很好奇，他是怎么办到的？

在这本书里，小六和大家毫无保留地分享他自己成为高效能行动派的方法。其中包括如何战胜拖延症、如何管理碎片时间和职场时间、如何构建自己的知识体系以及关于阅读训练等多方面实用技巧，这些对每个人的成长都有极大的借鉴意义。

在信息和社会发展速度越来越快的背景下，越来越多的人意识到时间管理的重要性，但是却很少人意识到，我们一直努力把事情都安排妥当，究竟是为什么？我们一生中努力去做成很多事情，究竟是想要获得什么？时间管理难道仅仅只是为了把事情快速完成吗？小六告诉你：不是的。

对我们而言，时间管理真正的意义在于，不拘泥方法论，而是结合自己的实践操作不断改进总结，在深入这个体系的过程中，慢慢梳理出自己真正认可的价值观，不隐藏任何一个版本的自己，把自己的人生活出更多精彩，实现梦想清单中的理想人生！

小六做到了，相信你也可以。

做高效能的行动派，成为更好的自己

行动派社群、AS 孵化空间创始人 琦琦

前 言

PREFACE

1

我是一个在社群学习中成长的人。

2014 年的 11 月第一次参加拆书帮在苏州的活动，从此开始了和一群人一起读书的旅程。

这种阅读方式不同于原来一个人在自己的世界里面埋头苦读。

它要求我必须结合书本内容去和大家分享经验和观点。而同时，我也可以通过其他小伙伴分享的案例学到我未曾体验过的经历。

这就好比我原来是一个人在家做饭给自己吃，而现在变成了我要带着自己的食材去参加厨艺交流会。

我需要给大家展示我的手艺，为了表现好一点，我只能在家里做好充分的准备。

展示的内容、流程、接受评价、事后的复盘，还有经验总结，这些都要主动去做。

我工作生活在沪宁线上的一个三线小城，为此每周六我都会乘坐高铁去苏州参加这样的拆书活动。

就这样，我从原来吃别人的炒菜，听别人的讲解，到后来带着别人炒菜。

然后开始自己学会如何组织，如何引导，如何应用到工作中，成为了一个业余的拆书家。

2

拆书帮是改变了我的学习方式，而随后的“100 天习惯养成”则彻底改变了我的生活。

2015 年的 6 月，我参加了十点读书会和知识管理专家战隼老师发起的 100 天阅读计划。

这是我第一次参加习惯养成的社群活动，“100 天，我能存活下来吗？”在活动第一天，我在朋友圈写下了一个问题。

这一百天，我需要每天在微博打卡，需要记录我的阅读状态。

很多次坚持不下去，就想想自己是和一群人在一起，中途退出是一件多么丢人的事情，于是继续咬牙坚持。

我在这个过程结合拆书帮的便签读书法，开始了阅读能力的训练。

从快速阅读到精读阅读，再到主题阅读。

最后的效果是，我变得不害怕任何一本书，我也不害怕读不完，或者害怕没时间读这些问题了。

100 天的时间，我就像学会十八般武艺一样，面对不同的书籍，已经能使用不同的方法去学习了。

3

学会了分享，也学会读书，那写字就变成自然而然的事情。

我在 2015 年 9 月份正式开始在简书上写干货类文章。

因为我本身就是在职场，又从事 IT 的工作，加上后来在拆书帮的拆书经验和 100 天的习惯养成心得，让我有很多话可以和小伙伴们说。

可是写作并不容易，说出来和写出来完全是两回事。

有时候你脑海里想了很多，可是在键盘上输入的时候，就是断断续续，像挤牙膏一样稀稀拉拉。

我问了很多写作的前辈，他们告诉我的方法让我绝望：** 接着写，不要停。**

想想自己是怎么学会一项技能的，是一上来就一鸣惊人么？还是先练习，拆解动作，一步一步来？

** 继续写，不要停 ** ！

持续练习的过程中，不断去模仿优秀的作品，根据读者的点评修正自己的错误。

我就这样开始了自己的新手成长模式：

当每篇文章只有 50 人看的时候，想办法提高阅读量；

当阅读量上来了，想办法提高点赞率；

后来再想办法提高关注度……

这个过程让我学会了理解读者的需求，如何做文案和营销，如何和读者沟通，如何做好自己的定位。

写作就像是做产品经理一样，每一篇文章都是一次产品生命周期。

而我就是这样在一次又一次的产品迭代发布的过程中，建立了自己的个人品牌。

4

21 世纪商业评论的主编吴伯凡在做《青年人在快速变化的时代如何胜出》的分享时说：年轻人应该多尝试一些“微出轨”。这种“微出轨”的意思就是，适当跳出自己的舒适区，多接触一些和你的日常不一样的生活。

我很感激自己过去两年的好奇心和行动力，它改变了我的精神状态，也改变了我的生活。

而也正是这种想“出轨”的好奇心，让我不断丰富自己的经验和生活，让我有越来越多的话想对你们说。

所以这本书里的内容，基本上就是小六学习过程中经验的总结和分享：

◎ 第一部分主要是时间管理和习惯养成的话题。

◎ 第二部分主要是如何锻炼自己的阅读能力，学会快速阅读，精读和主题阅读。

◎ 第三部分是一些职场心得，如何在职场修炼成一个“白骨精”。

◎ 第四部分主要讲我是如何学习的，你会了解到如何找准自己的定位，学会对自己有用的东西。

这里没有高大上的案例，就是一些我自己在学习过程中掉坑里然后爬上来的经验。

这些经验让我从一个 IT 男，成为了专栏作者、周末培训师；让我开辟了我的第二职业，也让我在公司里稳步升职。

方法就那么几种，大家好像都懂，但怎么去做？做的时候会出现什么障碍？怎么解决这些障碍？这是我一直想和大家分享的，因为我和身边的朋友们就是这么在跳坑爬坑的过程中成长起来的。

我有信心，如果你想变得更加强大，那么希望这本书能做的是：教你如何锻炼自己，并给你足够多的武器和勇气。

5 致谢

从想写到构思，再到现在送到你的手中，我想要感谢的人当然是你。

因为就像餐馆新开张，没有尝过小六的手艺，就走了进来，我只能尽量努力表现，尽量不让你失望。

然后我要感谢本书的编辑巨凤以及铁道出版社的其他小伙伴的努力，我只是完成文字部分，其他的校对、编辑、排版、印刷……这些幕后的辛苦工作，都是他们在做，特别是我作为简书天字第一号的错别字大王，他们面对的每一页都是“地雷区”，对此我深表谢意。

感谢拆书帮的帮主赵周老师，雪菲大人和熊孩子，当我刚加入拆书帮的时候，是他们指导我如何应用好拆书方法的。

感谢结构思考力学院的李忠秋老师，我的文章的结构，几本书都是按照结构思考力来呈现的，感谢他对我的文章的点评和肯定。

感谢战隼老师、萧秋水教主和秋叶大叔，他们是我个人知识管理学习的殿堂级的导师，我一直在模仿和学习他们的工作和生活方式；

感谢拆书帮广州分舵的水菱姑娘，是她在微博上教我思维导图，后来也是她带我进入拆书帮的社群进行学习。

感谢拆书帮苏州分舵的舵主河马和其他的小伙伴，我的拆书技能都是在你们的陪伴下练习得来的。

感谢拆书帮上海分舵的孟刚和海边渔民，是他们教会我很多高大上的学习方法和内容，让我在三线城市也能和他们保持同步。

大家都说处女座没朋友，但让我想感谢我的朋友们的时候，却怎么说都说不完。其余的个人我就不一一注明，但我依然心存感激。

感谢简书、拆书帮、十点读书会、行动派、趁早、墨咖、Workface、业问、职问、职场充电宝、PMCAFF、人人都是产品经理等社团的支持。

感谢，感谢你们对一个平凡的人梦想的支持。

6 致歉

因为篇幅的原因，本书呈现的内容并没有对阅读、知识管理和时间管理做全部覆盖，加上我的认知局限，要想无偏差地全部呈现真的很难。

加上小六的理科思维，所以在保证文章逻辑清晰的前提下，可能会让你读起来觉得有点儿干涩。

期待你在简书上给我留言，说说你的感受和批评。

让他们去讲道理，让我们来讲故事。

希望下一次你来，我们可以多讲一些故事，少一点干货。

就像一套大餐，这次咱们吃烤全羊，简单了一点，下一次我们吃满汉全席，有肉有汤有蔬菜可好？

目录 | CONTENTS

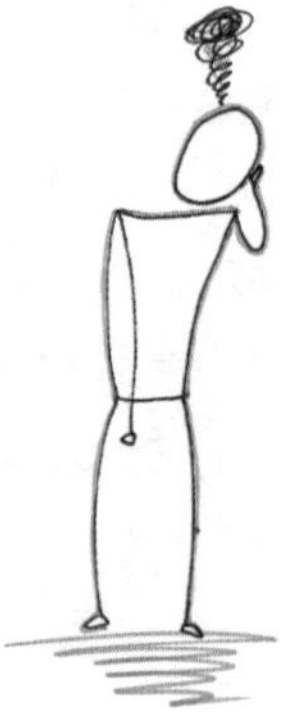

. 1 .
PART

时间也需要管理吗

大神们是如何管理自己的时间的？ 0

你为什么要做时间管理？ 5

明明做了有好处，为什么我们还是要拖延？ 11

如何在 21 天速效治疗拖延症 15

早起是个“技术活” 22

养成一个好习惯你应该知道的四个常识 32

. 2 .

PART

成功人士的碎片时间都在干嘛

成功人士的碎片时间打开方式 38

为什么他们靠读书能挣到钱？ 44

如何构建自己的知识体系 49

为什么我们选择花钱培训，而不是阅读？ 59

你适合读什么书？ 71

读完一本书为什么老是记不住？ 77

快速阅读：如何用 30 分钟读懂一本书 81

主题阅读：不用每年读 100 本书，也能成专家 92

阅读的训练 – 从学渣到学霸我的 100 天阅读简史 100

做互联网的时代的神偷 108

. 3 .

PART

职场时间，白骨精都在干嘛

职场高效能人士的第 9 个习惯 121

学会这 3 招，成为职场最性感的人 125

一个高效的学习者手机里面装有哪些 APP 131

我不是让你加班，我是让你提升自己的核心竞争力 142

工作中你不会的你以为创业就会了？ 148

别说走就走，跳槽前你应该问自己的两个问题 153

我们什么时候才能当上领导 158

. 4 .

PART

你的时间都在干嘛

你越崇拜大神，越说明自学能力差 165

如何在小城市高效率的学习和生活？ 175

如果我们暂时一无所有，至少还有机会去尝试 181

就算是个坑，你也得试着跳下去 193

任何都可以学的时代，我们该学什么？ 198

我用一年时间证明努力的价值 204

时间也需要管理吗？

大神们是如何管理自己的时间的？

如果很多小伙伴说自己有家庭、有孩子，所以没有大量的时间来学习和做自我提升，那么我推荐你看一下这本书。

吉田穗波由于大女儿在刚满一岁不久，因肺炎引发气喘，在工作和家庭两边奔忙的情况下，从而让她有感于“若要改变现状，只能积极提升自己”，而产生再进修的想法。从申请入学哈佛、准备考试到录取，居然只花了半年时间！

2008 年 8 月，带着三岁、一岁和一个月大的三个女儿，与丈夫一起前往波士顿，两年便取得哈佛医学博士学位，厉害的是在留学后期居然还怀了第四胎！（来源：百度百科）

在她的新书《就因为「没时间」，才什么都能办到》还没出版之前，她已经成为五个小孩的妈妈了。

知乎上有一个问题很经典：

李开复老师为什么每天花那么多时间发微博？是他本人在维护这个微博吗？为什么还老是整点半小时发布？

李开复先生是这样回答的：

◇ 我每半小时发一条是因为用工具定时，但是每条都是我挑的。用工具是因为我的空闲时间无法和黄金时间（早上 9：00-11：00，下午 3：00-5：00，晚上 9：00-11：00）匹配对应，而且不能太频繁地发（会刷屏）。流程大约如下：早上 6 点上微博，工具自动整理昨晚 10 点睡觉后 8 小时里面最有价值的约 100 条微博，看一遍，边看边决定哪些要转发点评，定时在黄金段每半小时发出（若有时效性特别重要的，就马上发；若当天微博较少，就一小时发一条）。

◇ 6：30 转发完毕，然后看累计投稿、累计原创、员工建议，再定时发几条。

◇ 有时间的话，看看工具里面的关键词监控和引爆话题，再去搜索一下当日大事和重要关键词，如果还有时间，就看看我最认可的几个人有没有发什么。

◇ 最后再基于工作和其他方面的感触灵感，发当日原创。7 点结束。这样通常上下午约 10 条微博就定好了。

◇ 上面的流程，在上班时间抽 30 分钟来再做一次，下班后再抽 30 分钟做一次。一天 3 次，共 2 小时，就完成了。（如果有碎片时间，也会用手机上上微博）高效吗？

我们以为会忙一整天的事情，被李开复老师切割成块状的时间来完成。

秋叶大叔在做《忙人的时间管理》的时候，这样总结他的每周的状态：

这样的生活每周都至少有一次，还有一次，周一我在南京（汽车），周二我在广州（火车），周三我在北京（飞机），周四我在武汉（火车），周五我在成都（火车）。公司穷，能不坐飞机就不让坐飞机，也没少折腾我。

结果，这样的生活我不但做下来了，还在这个过程中引发了我很多关于职业、工作和人生的思考，对我很有帮助。

在这种工作强度下，我不得不养成很多和常人不同的习惯。例如，在路上看书，可以在几件完全不同的事情中快速转换自己的身份角色，对计划有超强的控制能力（我必须保证出差当天能解决问题，如果不能解决问题，出差是毫无意义的）

"碎片化时间的利用" 秋叶老师在很多分享课中反复提及，也是他网课中的内容。

梁文道在做《一千零一夜》的读书节目时，有一位读者提问说，道长，你怎么有那么多时间读这么多书呢？

道长站在吭哧吭哧的地铁车厢里，靠着扶手，对着镜头说：

"因为事情很多，所以我养成了一个很好的习惯，就是能够快速切换自己所在的状态。上一件事情一结束，立马就能拿起书，切换进入阅读状态。"

这种快速切换的能力让道长博览群书，值得一提的是，这些书籍并不是畅销类或者商业类的书籍，而是动辄几十万字的经典巨著。

所以你会看到，每一本需要精读的经典部分，在《一千零一夜》里面都解读得非常引人入胜，以至于我有段时间不敢看他的节目，因为只要一看，肯定会拿起手机下单买他解读过的书籍。

一个人时间管理的状态可以分为三个阶段：

01 很闲

02 很忙
有很多事情要去做

03 有选择地去忙
只做成效高的事情

▼ 很闲

很闲的状态是，你的生活就那么几件事情，朝九晚五，按部就班。

如果你觉得自己很忙，可以给自己列一个清单，把当下这个礼拜的所有事情都列出来。

该学习什么技能？

该做哪些提升？

这个阶段你更应该给自己：

- 设定一些需要费力又不那么难的目标
- 养成一些习惯
- 学习一两种和自己的工作和生活相关的技能

你不是没有时间，你是太闲了

你之所以一再徘徊不前，是因为给自己下了“不改变”的决心而已。

▼ 很忙，有很多事情要去做

当你进入学习模式，你会发现有很多东西需要学习，这时候你会发现自己的时间往往不够用。

你需要在工作、生活还有学习中寻找平衡，

这个阶段你可以尝试：

· 学会构建自己的知识体系，关注自己的学习区

· 学会保持专注，利用番茄钟之类的工具辅助自己

· 学会记录自己的时间，搞清楚自己的时间的占用比例

▼ 有选择的去忙，只做成效高的事情

进入学习 + 分享者模式，你的知识开始为你创造价值。这时候你会发现比原来要更加忙碌，甚至每天都要在不同的城市，会见不同的人，参加不同的活动。

这个阶段你其实可以尝试：

· 利用 80/20 法则，做时间的杠杆应用，利用块状的时间来关注高成效的事务，断舍离低成效的事务

· 利用碎片状的时间来充电

你是属于哪个阶段呢？

秋叶老师说，我们之所以开始想要学习时间管理，是因为对现状的不满意。

既然对现状不满，寻求改变，那么如果只是光想想，看看别人的文章，是没有用的。

你说呢？

你为什么学习时间管理？

喜欢时间管理的人一般分这么几类：

第一类是肌肉派，他们露出自己的二头肌向我们证明，确实是可行的，他们现在就在这么做，会说“恩，我就是 4 点起床的，么么哒”。

第二类是行动派，通常会说：“咦，好像不错，我明天开始试试”。

第三类是困难户，通常会说“我住宿舍，起那么早会被舍友骂啊，怎么办啊？”再或者“我暑假要在家里带小朋友啊，根本没有整段的时间啊，25 分钟我也抽不出来啊”！

我们之所以去学习，去改进，是因为我们有想要去改变现状的欲望，这种欲望就是内在动因。

这样来看，你会发现很难改变的人是没有内在动因的，他们只会告诉你现状，当下的苦难是什么。然后就没有然后了。

当我收到“我根本做不到你说的时间管理办法，即使是你告诉我 25 分钟，这种最简单的专注方式也不行，我做不到”这样的评论时，我一般都说：“好的”。

本篇文章就是尝试用西蒙·斯涅克（Simon Sinek）的黄金圈法则来阐述的，进行一项技能的修炼，你需要从下面三个问题开始入手：

A 为什么，也就是找内在动因

B 如何去做？选择什么样的工具、方法和策略

C 做什么？要达到什么样的成果？

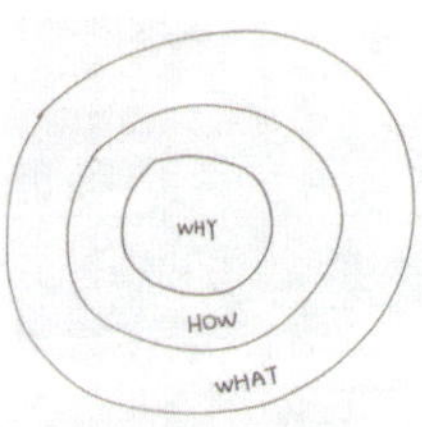

黄金圈法则

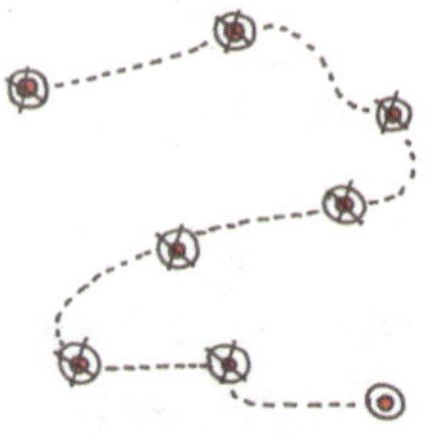

不停换方法打怪升级

1 你为什么要管理自己的时间？

西蒙·斯涅克（Simon Sinek）在他的《从为什么开始：乔布斯让 Apple 红遍世界的黄金圈法则》提到了这个现象：

我们看问题喜欢从现状和成果去看，比如时间管理，我们会先扫描一遍自己现在的状态。恩，没时间，注意力不集中，拖延，不知道自己干了什么，每天碌碌无为；

然后我们会去找来一些方法尝试改变，这个不行换另一个。在每一次尝试的过程中，我们觉得我们现在的时间管理之所以失败，一定是方法和工具不适用，或者是自控力不够，于是就会陷入深深的自责之中。之后再休养一段时间，我们卯足劲再次发起攻击，这一次我们在书中找到了新的方法和建议，这次一定可行！

试试吧，然后——再次失败。

就这样，我们一次一次的尝试，如果你有这个毅力，会把时间管理的所有的方法和工具全部用光。可惜很多人在尝试几次之后就彻底放弃了。

于是我们看到时间管理就像是看到一个功夫深不可测的关卡 BOSS 一样，怎么打都“打不死”，哎，算了，我们换个游戏吧。

“黄金圈法则”却往我们从内在出发，先问自己为什么做这件事情。

> 罗伯特·B·西奥迪尼 (Robert B. Cialdini) 在《影响力》这本书中提到了一个心理学现象：当一个人向你请求一个帮助的时候，先告诉你理由的一组次数远远大于什么理由都不告诉的。这是因为我们的潜意识习惯总是喜欢寻找内在归因，任何事情都希望有一个解释。在求助的试验中，哪怕这个解释及其牵强，也是能够通过的。

这让我想到了公司的请假申请，[请假事由] 那一栏是必填项，哪怕你填上“有事”，也能通过。

回到时间管理，我们有多少人考虑过“我为什么要管理自己的时间”这个问题呢？

这个问题的答案每个人都不同，结论却大概有一些相似的原因：

- A：我确实需要管理一下自己的事情了
- B：现在这样也不错，何必费那么多精力去做呢
- C：要不试试，也许会变得更好呢？试试看，不行我就放弃

2 你决定怎么做?

你打开任何一个搜索框，都能搜出一堆教你如何做时间管理的方法。

就像你去买菜刀，所有的厨具铺子都告诉你说，他们家的刀好，适应范围广，效率高，价钱还便宜。

是没错啊，可是写文章的人面对的是网络上的读者，他的方法是基于他的工作环境和实践经验产生的，回到前面那三个方向：

一个希望用时间管理改变自己命运的人和一个尝试用时间管理进行提高效率的人，他们对工具和方法的适应能力是不一样的。

举个例子，《奇特的一生》中的柳比歇夫的时间管理办法，难度之大几乎可以用变态来形容，即使在艾力的《你一年的 8760 小时》书中，也只是模仿一点点，你让我用这个方法，我会对时间管理彻底绝望的；但是《图解番茄钟工作法》里面就用了一个简单的办法呀，“用一个 25 分钟的番茄时间保持专注“，这是每一个新手都愿意去尝试的。

所以，首先从为什么出发，然后才是觉得自己怎么做。

1 选择挑战一下难度?
变得更高效率?

2 只是想尝试了解一些职场技能，先学习一些基础的时间管理方法。

3 人到 30，时间和事务忽然多了很多选择,想让自己专注做重要的事?

具体如何去做，就是确定方法和工具，设定计划。比如时间管理，就是要做好决定：

1 选择简单的时间管理方式？还是复杂的？

2 准备坚持多久？21 天还是 100 天？

3 时间管理需要消耗大量的意志力，如何确保自己能坚持？

你看，这是针对时间管理的第二个问题：你决定如何去做？

3 时间管理可以做什么？

决定怎么做了之后，有了目标和计划，接下来就是执行和检查了。

◇ 如何列任务清单？

◇ 如何设每日清单？

◇ 如何应对干扰？

◇ 如何保持专注？

◇ 如何判断一个任务的重要紧急优先级？用四象限还是“ABC 法”来划分？

◇ 如何做回顾总结？小确幸要不要记录？

执行的过程，每一个新的任务出现都需要你进行判断，你唯一要考虑的就是意志力的损耗。

无论是初级阶段还是高段位的挑战，只要是一个新的技能尝试都会消耗你的意志力。

在罗伊 · F · 鲍迈斯特 (Roy F · Baumeister) 的《意志力》这本书里，

一帮神叨叨的科学家用实验证明意志力像我们体内的电池，容量就那么一点，稍微用一下就没了。需要通过休息，补充葡萄糖来充电。

时间管理这种反人类基因的活动（自由散漫是人类的天性啊，进入工业时代才有了时间管理），更需要充足的意志力才能完成。

所以，是早上起来就做一天最难的事儿？还是晚上睡觉前消灭“大青蛙”？是在家里面先整理桌子还是先看书？还是直接滚出去，眼不见心不烦先做事？这就看你选择把自己那点可怜的意志力用在哪里了。

明白了意志力在时间管理中的意义，你就能明白，为什么柳比歇夫的时间记录方式对我们来说根本做不到了。你也就明白了 GTD 对一个任务的判断和筛选过程对一个初学者来说，竟然是那样的艰难了。

小 结
SUMMARY

我们总是最先看到自己的现状，也就是（WHAT）的部分；在书本和公众号的文章中看到技能和方法（HOW）。

但是黄金圈法则却告诉我们逆向去做：

1	2	3
先问问自己的动机，问问自己为什么去做	然后才决定如何去做，选择适合自己的难度和工具方法	最后就是 PDCA 中的执行和检查，考虑的是做些什么的问题

碎片化的时代，分散我们注意力和分割我们的时间的事情越来越多，所以你确定你要学习时间管理了么？

明明做了有好处，为什么我们还是要拖延？

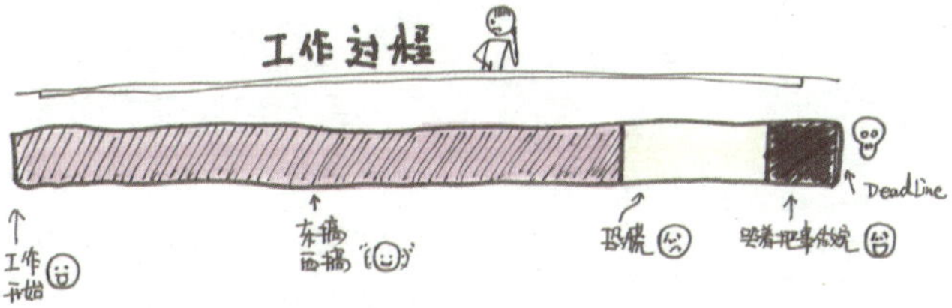

1. 我们都是口是心非

1999 年，三位心理学家理德（Read）、洛温斯坦（Loewenstein）、卡亚纳罗曼（Kayanaraman）在心理实验调查中发现：在选择喜欢看的电影时，人民对高端大气上档次的严肃题材评价更高，但是一问到他们现在想看什么电影的时候，他们却往往选择轻松的娱乐片。

其实这种口是心非的现象在我们的日常生活中很普遍。

有时我们嘴上说一套，实际行动却是另一套。

比如我们都觉得应该少玩手机，多利用碎片时间看看书。

但是我们的手机使用习惯，每天都被手机看在“眼里”，并记录了下来：

通过手机电池电量能侧面
看清手机的使用率

我们下了很多电子书，然后准备有时间再看；

我们给自己做了一个一年计划，准备等下个月1号开始大干一场；

然而我们制定的计划都是为了满足未来的我；而手机、微博和朋友圈，才能满足当下的我。

2. 那我们为什么会拖拉呢?

为什么我们明明知道某种做法对我们有好处但是偏偏不那样做呢?

进化心理学认为：人天生就是理性的动物，据说正是这种理性的能力把我们和其他动物分开。

我们每个行为都是基于慎重考量，并且通过这样的深思熟虑完成的，我们渴望能把事情做到完美。但是又因为我们的大脑是从动物进化而来，所以我们的行动又往往屈从于本能。

古希腊的柏拉图和亚里士多德发现了这个现象，并提出了一个哲学问题：“意志薄弱”，也就是我们明明知道这样做对自己有利，但是偏偏不做的神秘现象。

就像你看了小六的文章，然后决定明天早半个小时起来看半个小时的书，可是等到明天早上的时候，你很难做到。

我们和完美理性的斗争，最明显的失败案例就是做事情喜欢拖延。

而这种拖延，很多时候会让

我们感到非常沮丧；让我们有很强烈的负罪感。

本人就是因为自己的新书一直拖稿，从而觉得自己这辈子也没有机会红了。ORZ

3. 拖拉一点也无妨，你有病，我有药方

斯坦福的约翰.佩里（John Perry）写了一本新书叫《拖拉一点也无妨》，我看到书名就决定买了！因为我觉得，这个世界上居然还有人这么义正言辞地说拖延没什么大不了，这需要很大的勇气呀，应该支持！

佩里教授提出了一个方法叫：结构拖延法。

为某人必须完成的那些任务梳理出一个结构来。你把自己想要完成的事按照重要性列一个清单，在脑子里想想也行，或者专门写下来。

你甚至可以称之为“优先级清单”，把看起来最紧急最重要的事情排在前头，但是也要有一些其他值得做的事情排在后面。

于是完成后面这些任务变成了避免去做清单最上方任务的一个手段。

借助这种排列得当的任务结构，拖延症患者变成高效能人士！

4. 我也是拖延症患者

比如在我自己的奇妙清单（Wonderlist）里面，明天的工作有这些：

优先级最高的标记出来，然后后面再列几个同样值得做的事情。

明天如果第一件事情我不想做，想拖延，我就会在清单中从排第二位或者后面的工作中挑选一些事情来完成。

再比如编辑大人给我列了一个新书里面待补充的章节清单，我同样排了一个优先级。

然后发现第一篇不想写，想拖，那就换第二篇看看能不能写，还是想拖，那就继续换，最后发现列表上都不想写（原谅我，编辑大人），

奇妙清单

最后一看自己的待办清单，咦，原来还有很多篇文章之前积累的一些素材一直没写呢，不如先写这些吧。

于是就开始写起了跟新书无关的文章……（原谅我，编辑大人）

最后怎么样呢？效果很好啊，虽然新书是拖稿了，但是我却在三天时间里写了近 10 篇文章，在简书首页上疯狂刷屏。

你看，这也是很有成就感的事情嘛！

5. 快速治疗方案：结构拖延法 +21 天习惯养成 + 社群监督

所以，你看结构性拖延更像是和自己玩心眼。

将自己的代办事项以结构化的形式展现，这个不想做，那你做那个呗。

反正都要做，都重要。

到最后，即使最想做的那件事情你拖延了没有完成，但是其他重要的事情你还是完成了不少。

这样的结果总比你这个不想做，就在那里什么都不做，刷手机几分钟看一次朋友圈有成效的多吧？

当然知道了理论还不够，我为了实践这套治疗方案，还参加了一个吃青蛙训练营，和天南海北的小伙伴们一起，每天打卡，对任务清单进行互评，21 天快速治疗拖延症。

通过：结构拖延法 +21 天习惯养成 + 社群监督，用 21 天速效治疗了拖延症，并养成为固定的行为习惯。

具体是怎么一回事，我们下一节接着说。

如何在 21 天速效治疗拖延症

我结束了为期两期，长达两个月的惨无人道的吞青蛙训练。如果你也是拖延症晚期患者，那么你需要看看我是如何得救的。

1. 什么是吞青蛙？

> “如果你必须吃掉一只青蛙，不要长时间盯着它看。如果你必须连着吃掉三只青蛙，记得要先吃掉最大、最丑的那只。”
>
> ——博恩·崔西，《吃掉那只青蛙》(Eat That Frog!)

找出你一天、一周、一个月、一年、一生中最重要的三件事，它们就是你必须吃掉的“三只青蛙”。利用帕累托定律，每天花 20% 的时间，集中精力，专门对付这“三只青蛙”。

所以，如果用一句话来说，就是把原来什么时间管理的方法和内容全部简化，每天确定最重要的三件事，当成必须吃掉的青蛙。

2. 吞青蛙5个步骤

01 明确你的“三只大青蛙”

每年，每月，每周，每天你都可以运用时间管理方面的帕累托定律（80% 的成就源自 20% 的活动）来确定自己三件最重要的事情。

什么是重要的事情？就是你必须去做，别人替代不了你，做了得到的回报非常大的事。

02 先吃掉“最大，最丑的那只青蛙”

我们所说的“又大又丑”指的是，这三个目标中比其他两个更重要、更困难的那个目标。歌德说：“最重要的事情绝不能受制于最不重要的事情。”为了专注于最重要的活动，每天至少在它身上投入你 20% 的时间。

03 每天保护自己的青蛙时间

番茄钟是专注 25 分钟，青蛙时间是一段时间区间，找到最适合自己的吞青蛙的时间段，就是找到自己做事情效率最高的时间段。

04 把“3 的法则”应用到你的整个生活

这也是史蒂芬·柯维所说的“高杠杆”活动，即相对于做这些活动需要的时间，它们往往能够产生更加强大的效果。同时也是“三的法则”的真谛所在：围绕“重要，但不紧急的”高杠杆活动组织时间。

05 创建并严格遵守每天的“待办事项清单”

> 一项著名的研究，重点考察了世界上最成功的一批人，探寻他们高效率的秘密。经过数千次采访，首要因素终于浮出水面：他们都有制定每日“待办事项清单”，还有频繁审视的习惯。一天工作结束时，他们都不会忘记为次日创建新清单。但这还不是全部，他们不仅每天都创建一份“待办事项清单”，而且还确保每天的“待办事项”包括对自己职业生涯和个人生活具有重大意义的活动。

3. 我吞了两个月了，效果如何？

我在云笔记上建立团队共享空间，创建自己的个人吞青蛙笔记。NPC（这里指吞青蛙游戏的组织方，引导者）团队会在开始的时候介绍整个吞青蛙的流程和游戏规则。

像我这样的拖延症患者临终关怀晚期患者，交了一大笔保证金，在21天的魔鬼训练里，一天不打卡就会被扣100元钱。

规则很简单：每天9点前完成前一天的回顾和新的一天的吞青蛙清单。

成长过程[1]

growth process

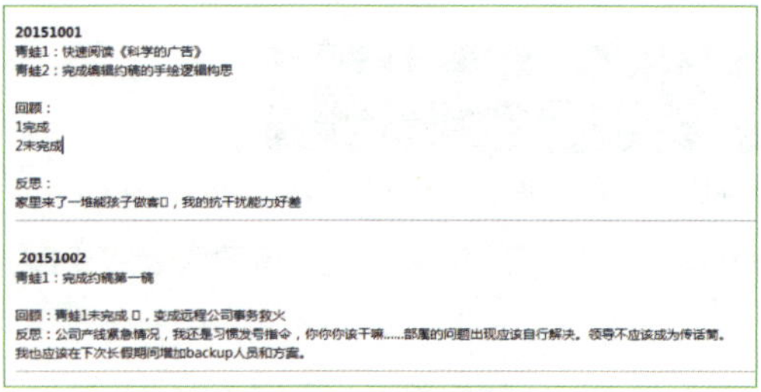

20151001
青蛙1：快速阅读《科学的广告》
青蛙2：完成编辑约稿的手绘逻辑构思

回顾：
1完成
2未完成

反思：
家里来了一堆熊孩子做客，我的抗干扰能力好差

20151002
青蛙1：完成约稿第一稿

回顾：青蛙1未完成，变成远程公司事务救火
反思：公司产线紧急情况，我还是习惯发号指令，你你你该干嘛……部属的问题出现应该自行解决。领导不应该成为传话筒。
我也应该在下次长假期间增加backup人员和方案。

吞青蛙新手打卡样式

①最开始我是这样打卡的

标注今天的青蛙 1、2、3

每天结束填写回顾和反思

计划第二天的青蛙

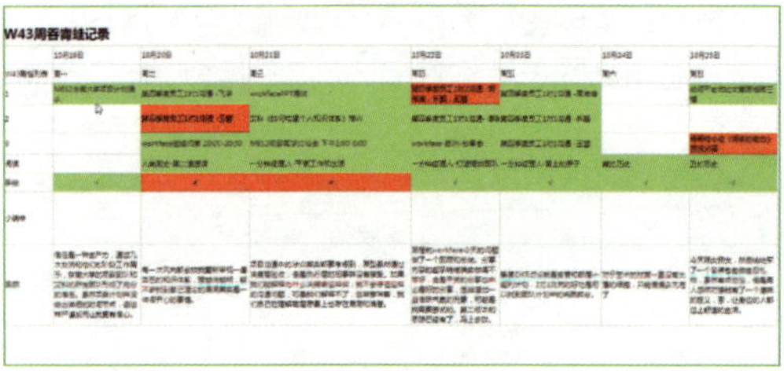

W43周吞青蛙记录

第 1 次改进样式

②开始模仿其他小伙伴们的打卡格式：

改进的地方：

用表格更直观

用颜色区分完成项目和未完成项目

增加小确幸

增加一些小习惯的养成

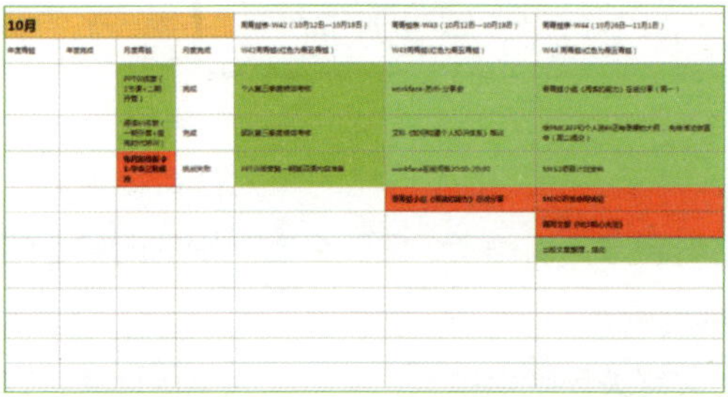

10月

第 2 次改进样式 - 新增年度阅读和每周大青蛙

③继续偷师学艺：

从只关注每日青蛙，到开始关注每月青蛙和每周青蛙。

第 3 次改进

④：继续新增其他小习惯记账，每日晨间健身

对拖延进行标记 [第 N 次拖延]

标记任务处理花费的时间 [2 个番茄钟]

1 扫 P Ⅱ第 2 个二维码，可查看吞青蛙训练完整表格。

现在每天坚持的小习惯从原来一个都没有，变成了 5 个：记账，健身，阅读，写作，手绘。

是不是很神奇？我就是这样一步一步，锻炼了自己养成习惯的能力。循序渐进，感觉每天适应变轻松了之后，再尝试增加一些新的习惯，去模仿其他小伙伴们的打卡，对每日打卡做一些改进。

4. 我们该怎么面对拖延症？

经过两期的吞青蛙习惯养成，我对拖延症有了一些全新的看法，供大家参考：

1

拖延没什么大不了的：

每个人都拖延，所以它是治不好的。吞青蛙已经是一件很恶心的事情了，如果你觉得自己总是对重要的事情拖延，可以尝试一下吞青蛙。

2

结构性拖延：

结构性拖延在《拖拉一点也无妨》这本书中讲到了一个办法，就是如果这件事你想拖着不干，那你就去干别的事儿。比如你周报拖着不想写，那就先干另外一件代办清单里的事儿，比如去拖地、打扫房间等。这样一来虽然最后你周报还是拖着没写，但起码你做了其他的事情，这样总比抱着手机在那里刷屏强。

3

小习惯，大力量：

在凯利·麦格尼格尔的《自控力》这本书中，有一个很简单的实验，就是要求所有的参与者每天坚持5分钟健身活动，结果发现这些参与者坚持了一段时间之后明显感到自己的自控力提高了，做事情的心态也更积极了。

因为一个很小的习惯如果我们能坚持下来，就会给自己带来强大的信心。“哈！你看，我坚持下来了！说明我的自控力还是不错的，要不再试试别的”

从一个习惯开始，变成一个良性的循环，你会获得源源不断的力量。

所以如果你想培养阅读的习惯，就每天把书打开一下；如果你想练习手绘，就每天照着聊天对话框里的表情图标，画几个小人；如果想养成长跑的习惯，就每天穿上跑鞋去围着自己家的楼跑步……

4

找一群朋友一起拖延：

为什么富人总是身材很好，穷人肥胖的很多呢？因为富人有自己的社交圈子，发福就很容易在圈子里让别人对你有不好的印象。

学习和培养习惯也是这个道理，如果我们每天坚持的打卡不是在自己电脑上而是在自己的社交圈子里，你就获得了一种监督的环境。哎呦，大家都在打卡，我不打卡就融入不进去啊！

更进一步，你可以在圈子里学习别人的优点，然后放到自己的行为里边做改进。又有人监督，又能学到新东西。

5

提高目标收益，增加拖延成本

当你吞青蛙或者习惯养成的时候，一定要提高做成这件事的收益。

比如：每天练习吉他，半年我就可以向女神求婚，没有这个环节不行，那这收益就大；如果只是说半年后可以在年会上表演，这个收益就太小了。那么你就会很容易放弃。

另一方面，你还可以增加拖延的成本，相信很多人参加社群打卡都体验过罚红包的经历。但为什么罚红包有时候会失效呢？因为人是成本收益权衡的动物嘛，哎呦，今天不打卡了吧，罚 5 块钱就 5 块吧。但是如果是一天不打卡就罚你一天的工资呢？这时候你就要权衡了，对吧？

总 结
SUMMARY

任何习惯的养成都是需要循序渐进的，因为人的潜意识是不喜欢巨大的变化的。

吞了两个月的青蛙，从原来每天只记录三句话，到现在去尝试对自己的时间加入更多的记录和控制，我非常感谢有这样的一个机会加入 @ 拾捌姑娘和她的小伙伴们组织的吞青蛙小组。

你准备尝试了么？如果也想参加，在简书里面搜“拾捌”就能找到这位时间管理的大咖和她的小伙伴们了。

如果你也是拖延症患者，那么我也只能帮你到这里了。

早起是个“技术活”

每个人都有自己的生活节奏，本文想达到这样一个目的：如何在碎片化时代，让每个人都能找到自己的整块可利用的时间，并加以利用。

很多小伙伴问小六，你是一个部门的 Leader，又要做产品研发，还要写文章，周六周日还要在沪宁线上的城市到处参加活动做分享，你哪里来的那么多时间？

问得多了，我就在想，是不是可以就“时间”这个话题好好讲讲我的心得呢？

然后开始收集我的每日行程上的素材，我自己也想搞清楚我自己到底是怎么做时间管理的，也希望大家不要误会这篇文章是处女座带给全人类深深的“恶意”。

1. 为什么要 5 点钟起床

时间对每个人都是公平的，我从小就认识到自己的智商比别人差很多（10 月份挑战三级魔方失败再次证明了这一点）。于是，我潜意识里就决定，我在时间上的付出要比别人多。

看过很多文章都在讲大 V 们是如

何早起，然后在早上进行工作的，那他们是如何做到的呢？

我是在看了这本《4 点钟起床》之后，发现如果有一种方法能 4 点钟起床，然后在上班前把一天要做的工作都全部搞定，那该有多帅？

对，我真的尝试这么做了！

每天 4 点起床到 8 点上班的这几个小时，我利用番茄钟把时间切割成 25 分钟一个时间块，来做我计划一天要做的事情。这种行为带来了这样的好处：

1. 一早起来就做计划，建立 TODOLIST，一天的行程清晰明了

2. 清晨注意力集中，你计算发个朋友圈也要 4 个小时候后才有点赞，所以内在干扰和外在干扰都没有

3. 早上的大脑相对一整天来说更活跃，更容易处理难啃的工作问题

那你会说，搁这扯犊子呢？上班前就把活儿干的差不多了，上班你去睡觉啊？

你忘了我说我脑子不行么？我在利用时间做双倍的活儿啊！

早起是一种习惯训练

有一本书叫《早起型人更容易成功》，整本书就是为了告诉我这本书封面上的那句话。

但是如果你也这么认为，那就是中了心灵鸡汤的毒了。没有任何实验和论据能够证明这一点，作者把单一的变量看做整体系统的唯一影响因素。

但是我们也确实看到很多大神们是早起型人格啊，比如李开复，比如秋叶。

其实也能说得通，因为能够成功的人往往有很好的习惯：

能成功的人在想到“这个很好”的时候，会将其马上习惯化，而不能够成功的人即使想到“这个很好”，也不会将其习惯化。

所以早起并不一定能够成功，而是可以训练你的自控力和意志力，让你能把一些很好的东西习惯化而已。

早上的时间段干扰最少

尝试过很多时间管理的办法，GTD，吞青蛙，番茄钟……这些都是在工作时间里面如何处理事务的办法。

忙的时候，屁股从来没坐热过，闲的时候，都能坐出疮来。

很多书上说什么要学会如何面对被打断，如何保护自己的专注时间。我是做 IT 的，部门事务，研发讨论，其他部门临时要求，老板喊我去他办公室的时候，我总不能说等会，等我完成这个番茄钟吧？

列任务清单太麻烦，想像记账一样记录每个小时的时间太麻烦，吞青蛙太麻烦，做番茄钟太麻烦……虽然这些时间管理的办法都很有效，但是却会消耗我们大量的意志力才能坚持得住。意志力就像是肌肉力量一样，你拿着杠铃举半个小时一个小时可以，你一天到晚都举着，意志力就彻底消耗光了。

所以我们发现为什么很多人用时间管理会失败？因为你在强行用意志力进行坚持，当意志力消耗完，你就会进入“去他的”状态，哎呀，坚持不下去了，接下来就随便吧……

那有没有最简单的办法呢？有！

纪元老师在他的《哪有没时间这回事》里面提到了将时间划分为时间段的概念。这个概念其实并不是第一次出现，在其他的时间管理书籍，比如《精力管理》里面也提过类似的建议。

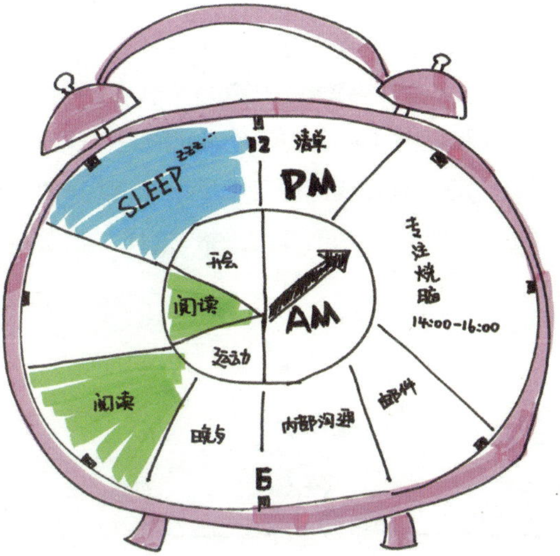

将自己每天的时间划分区间

就像是把我们每个月的花销分成了一块一块，时间也是这样，每天就 24 个小时，如何能够不受干扰又高效地利用呢?

当然是早上起来直到你上班的那段时间了。

所以我们看到很多文章和书籍写早起型人格如何如何好，其实就是一个成本选择的问题，他们只是看重了早上成本收益最高，就选择了早上而已。

2. 那么早起来如何做到呢?

一开始 4 点钟起床肯定是一种折磨，所以为了形成生物钟，我开始定到 6 点起床，坚持一周，然后再往前调半个小时，再适应一周，再往前调。这是夏季的节奏，冬季就慢慢往后延一个小时。

选择 4 点钟早起，也就意味着你需要早睡。所以我把睡觉时间调整到晚上 11 点。咦，你会说，不对啊，这样一来，你每天就睡 5 个小时？

这里就要去了解一些人脑休息的知识了。为了不掉书袋，我直接说方法：就是要在大脑最需要睡眠的黄金时间段进行休息，然后利用其他碎片时间进行短时间补充。我选择了中午午休 30 分钟，因为经常在公司加班，所以也会在晚饭后眯上 30 分钟。这样，我就能保证每天 6 个小时的睡眠时间了。

怎么才能起那么早

当然，我也借助了一些额外的工具来帮助我：

◉ 闹铃

刚开始为了顺利能叫醒自己，小六设置了三个闹钟：

一个智能手环。智能手环的好处在于它是靠在你的手臂上震动唤醒你的。如果你是和家人在一起或者在宿舍，这种方式就不会吵醒别人。而且相对于铃声，它对睡眠状态的大脑刺激性要相对比较小（个人感觉，没有严重）。

一个手机。手机里面设置一些轻缓的音乐，比如你准备 5 点钟起来，那就设置 4：57 的闹铃，用轻柔的声音慢慢唤醒自己。

一个平板。平板的闹铃声音设置要炸裂一些。摇滚、朋克、雷鬼，怎么爆炸怎么来。这样一来，大脑会有一个意识：哦，我得在手机铃声响的时候就得醒过来，不然后面那颗炸弹要是炸了，后果不堪设想。

如果你要较真，建议你把平板接到你家音响上。

◉ 惯性动作

我不知道起床的痛苦么？我不知道起床后那几分钟内的挣扎么？

但是在《精力管理》里面，讲到了一个很好的概念叫“仪式习惯”，什么叫仪式习惯呢？

就是把一连串的小动作连接起来：

比如我起床后的“仪式习惯”是这样的：

1. 把书房的空调打开
2. 把 [得到]APP 打开听语音
3. 刷牙洗脸抹桂花糕
4. 喝一杯温开水
5. 给六一换水换猫粮
6. KEEP 晨间 7 分钟锻炼
7. 查看墨迹天气

这一连串的动作需要花费我多少时间呢？不到 15 分钟。

但是对于我刚和被子“生离死别”的身体来说，这一连串的动作就是一个明显的警示“困什么困？你已经睡了6个小时了，已经够了，好么！”

◉ 短暂午休可以补充睡眠

你会说，6 个小时怎么够？不是说正常人都要睡 7–8 个小时么？

小六用的方法是午休时间补充 15–30 分钟。不能多，午休超过半个小时大脑会容易进入深睡眠，这样被吵醒，反而会补觉失败，甚至变得更困。

小六在研发的攻坚阶段，经常需要加班，那就会在晚上 7 点多，再补觉 30 分钟。

依据呢？可以看看网络上的一些问答：午睡多久比较合适？

◎ 用早起倒逼早睡

又有小伙伴说，我每天都很晚睡，我怎么起得来？

确实，如果你很晚才睡，那早起会让你睡眠严重不足，这样就和我们之前早起的初衷背道而驰了。

所以当你决定养成早起的习惯，会“倒逼”你在晚上早一点休息。所以晚上在睡觉前你也可以养成一段“仪式习惯”：

比如睡觉前两个小时洗个热水澡，冥想 15 分钟，或者到了床上准备刷手机的时候，把手机换成一本有点难度的书？

我就放了好几本思想类的著作在床头，读几页就犯困，效果特别好。

3. 那么早起床之后做什么呢？

哇！当你终于爬起来并且做完了晨间热身运动，在精神抖擞的状态下，就可以好好利用这段我们辛苦“开发”到的时间段了。你可以从工作、学习和生活几个方面去做一些事情。

第 1 个番茄钟：晨间笔记

早起第一件事就是写笔记，回顾昨天一天做的事情，并进行简单总结，然后通过查看月度计划和周计划，看当前有哪些重要的事情需要处理。

通过在桌面安装“桌面日历”，可以让公司的电脑和自己的笔记本进行同步，了解当天要处理的事务。

桌面日历软件

通过“吞青蛙”记录，在一天的开始就把最难最不想做的事情先来完成。

你能在每天一开始就吞下一只“青蛙”，就没有什么能难倒你的了。

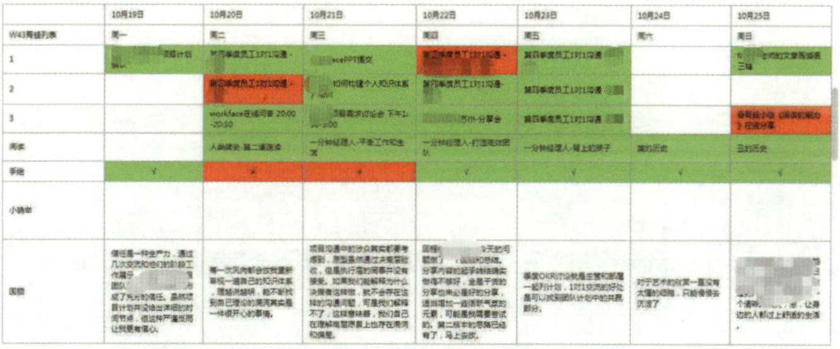

W43周吞青蛙记录

	10月19日	10月20日	10月21日	10月22日	10月23日	10月24日	10月25日
W43青蛙列表	周一	周二	周三	周四	周五	周六	周日
1	[illegible]项目计划	第四季度员工1对1沟通-[illegible]	[illegible]cePPT提交	第四季度员工1对1沟通-[illegible]	第四季度员工1对1沟通[illegible]		[illegible]
2		第四季度员工1对1沟通-[illegible]	[illegible]如何构建个人知识体系	第四季度员工1对1沟通-[illegible]	第四季度员工1对1沟通[illegible]		
3		workface在线问答 20:00-20:30	[illegible]需求讨论会 下午1[illegible]-3:00	[illegible]分享会	第四季度员工1对1沟通[illegible]		[illegible]
阅读		[illegible]	一分钟经理人-平衡工作和生活	一分钟经理人-打造高效团队	一分钟经理人-肩上的猴子	美的历史	丑的历史
手绘	√	×	×	√	√	√	√
小确幸							
回顾	[illegible]	[illegible]	[illegible]	[illegible]	[illegible]	[illegible]	[illegible]

吞青蛙记录

关于吞青蛙：请查看 管理时间是空话，集中精力“吃青蛙”

第 2 个番茄钟：锻炼

身体是战斗的资本，现在清晨起来不推荐去跑步，因为这时候的空气质量最差，不懂为什么的可以看柴静的“苍穹之下”。我就是在室内做运动，一张瑜伽垫，一对哑铃就能搞定一切。

现在可以装一个 APP 叫“KEEP”，很多室内项目都可以照着进行。

第 3 个番茄钟：阅读

早上的阅读时间更容易保持专注，也不会看得头昏脑涨，喂！你刚睡醒，又睡？

每天用 1 ~ 2 个番茄钟来进行阅读学习，我们不能瞎忙，我们得学习和观察，然后用到自己身上。

对，这就是我阅读的固定时间。

第 4 个番茄钟：处理工作

早上为什么要处理邮件呢，其实就跟罗辑思维的每天早上 6 点半的 60 秒语音推送一样，让你的老板在上班路上就能看到你的邮件汇报，还有什么比这更能软化他那颗磐石般的坚硬的心呢？

当然身边很多早起的朋友还会选择做早餐之类的事情，因为我是工作狂，所以就牛奶面包足矣。时间要是充裕，还可以自己进行选择。

你可以先把每日清单打开，将今天要做的事情都看一遍（当然，最好的方式是在前一天晚上看一遍）。

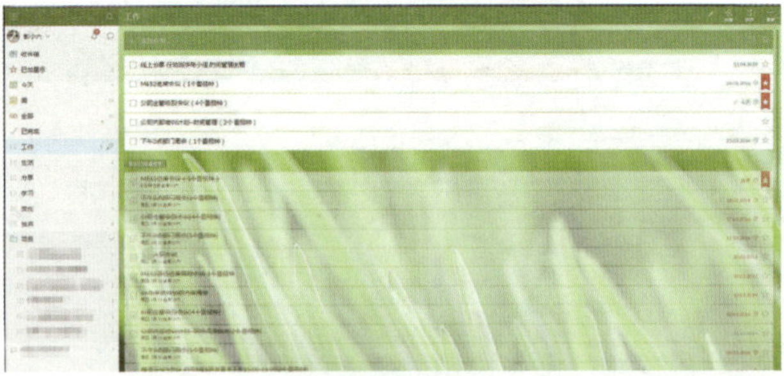

检查每日清单

挑选难度最大的事务

确定今天要做的一系列事务之后，可以尝试去标记今天最难的一件事情。然后利用早上的时间把它解决掉。

小 结

SUMMARY

最近市面上关于早起的书籍也很多，关于如何利用时间的书，小六就看了下面这些：

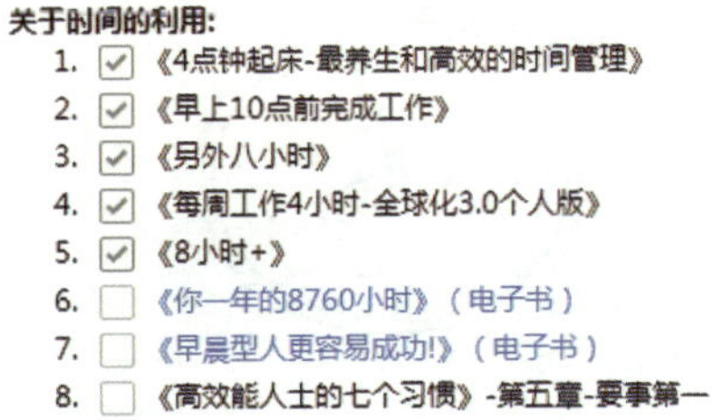
关于时间的利用：

1. ☑《4点钟起床-最养生和高效的时间管理》
2. ☑《早上10点前完成工作》
3. ☑《另外八小时》
4. ☑《每周工作4小时-全球化3.0个人版》
5. ☑《8小时+》
6. ☐《你一年的8760小时》（电子书）
7. ☐《早晨型人更容易成功!》（电子书）
8. ☐《高效能人士的七个习惯》-第五章-要事第一

利用时间的书单

但是很遗憾，时间不是用来管理的。

时间谁也管理不了，它就那么滴答滴的一秒一秒的过，不快不慢。

所以如果我们能学会利用早上这段时间来做一些重要的事情，那么即使这一天什么都没干，我们也会觉得很有收获。

这就是常说的，专注重要的事，成就现在的你。

那如何能够获得这个时间段呢？一个很有效的办法就是早起咯。

慢慢来，先不要改变太巨大，先把自己的起床时间提前半个小时，适应了之后再提前半个小时，直到你觉得可以了为止，到时，你会发现：“嗯，我原来也这么牛 X”。

当然，不管你是晨起型还是夜猫型，其实都可以根据自己的状态来确定，但是无论早起还是晚睡，时间的高效利用方式都是一样的，那就是用整块的不受干扰的时间来完成每天最重要的事务。

养成一个好习惯你应该知道的四个常识

习惯开始辛苦，之后是自然的事

小仓广的《做事的常识》里面提到一个很有意思的故事，讲一个阅读困难的人如何开始养成阅读的习惯。

用的什么方法呢？不是列一个长长的书单，不是用什么番茄钟每天坚持 25 分钟，也不是加入兴趣小组，缴纳高昂的打卡赌注费用；你只需要每天做一个动作就行：

就是利用每天在路上时把书打开一下。对，每天只是把书打开一下，开一下，一下，下……

只要每天睡觉前，就立刻把书打开一下，不管打开之后是不是能顺利看完，或者不小心睡着，他都坚持这么做。果然，这个方法让那位总是抱怨没有时间的先生有时间看书，并且看完了越来越多的书了。

1 最重要的是开始，而不是方法

其实现在市面上很多的阅读书籍都在讲如何阅读，跟阅读相关的书籍也有一大堆。但就像是大家都在教我们如何跑马拉松，却忘记了我是一个对跑步没有感觉的人。

阅读也是一样啊，我们身边很多朋友其实是对阅读一点兴趣都没有的（读这篇文章的你应该不是）。那如何让他们能体验阅读的乐趣和成就感呢？重要的并不是方法，而是让他们在自己每天的业余时间里，慢慢养成阅读的习惯。

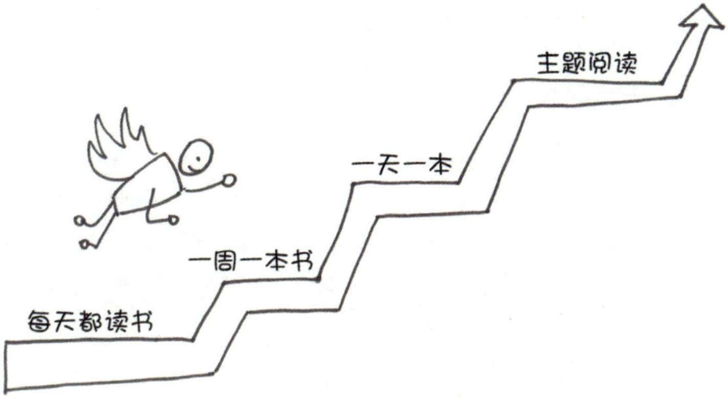

管它呢！先从最简单的开始！

所以先每天都打卡就好啦，每天看多少都没关系，看几页也没关系，先看嘛，先培养感情。经过一个月的小坚持，很多小伙伴在第一个月的“蛮荒时代”慢慢发生了改变，他们已经不再对阅读有恐惧了，阅读对他们不再是一件很难的事情，慢慢地他们就开始发现自己居然能一个礼拜看完一本书了。

一个礼拜看完一本书是什么概念呢？

据媒体报道，中国人年均读书 0.7 本，与韩国的人均 7 本，日本的

40 本，俄罗斯的 55 本相比，中国人的阅读量少得可怜。

如果能一周一本书，也就是说能在阅读量这件事情上达到亚洲的最高水平。要知道一个月前，这些伙伴可都是对阅读完全是头疼得要死的人啊！

2 每天都坚持谁也做不到

一旦你开始了一个习惯养成，就会有无数的“小魔鬼”在你的脑海里阻挠你，让你放弃。

21 天就可以养成一个习惯么？不可能的，这 21 天里面你一定会经历各种间断，甚至是彻底放弃。

所以如何能让一个习惯坚持下来呢？

答案是：不可能。

自从我写了一篇文章广而告之《每天 4 点起床，半年后就当主管了》之后，很多小伙伴就问我，哇，你怎么坚持的啊，怎么做到的啊，其实我哪有每天坚持，每个礼拜总有那么一两天晚上贪玩，白天贪睡啊，每个月总有那么几天那个啥啊。。。。。。。

但是这又有什么，一年我有 250 天是 4 点起床的，中间间隔的 110 多天确实起床失败了嘛！

每天都坚持好难，千万别想着做到

3 自己给自己奖励

很多人看到网上各种“大神”晒自己的年度计划、月度计划的时候，看得热血沸腾，我曾经也是这种”脑残粉“。看到人家做的手账就买手账笔记本，结果一年下来，读书的《春夏秋冬－禅趣》四套记事本，行动派的笔记本……买了一堆，结果每本都是热血时写的，坚持了几页，就再也坚持不下去了。

即使是按照第三条的乐观派统计，也不过写了几十篇日记而已，每天坚持手账的习惯养成失败。

哎，干点别的吧！

于是我这个视觉化动物瞄上了另一个习惯“手绘”，这个时候我就开始学会给自己设定一些奖励目标了。比如画完一个手绘到最后一页时，我就会得到一个大礼物：

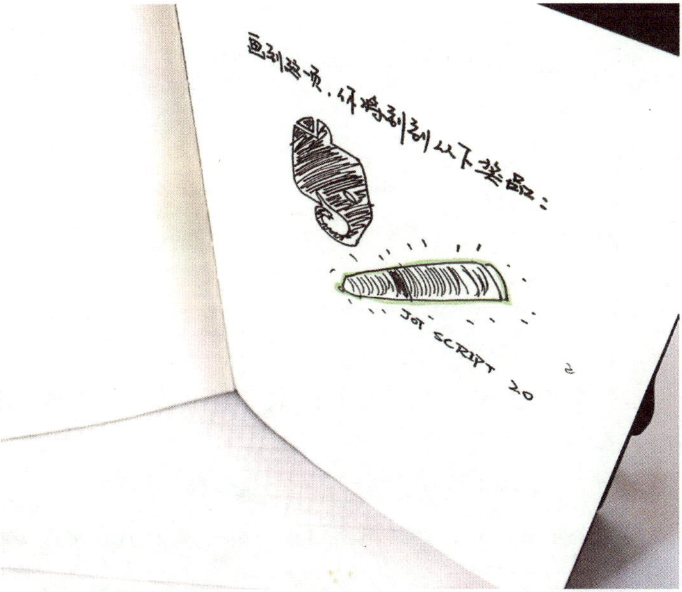

舍不得买的东西终于有机会买了

后来我再次把这种阶段性奖励应用到了我的英语学习上，为了降低难度，保险起见，我的第一本英文书阅读选择了 Roald dahl 的《THE BFG》，导读上显示这是 7-8 岁儿童看的英文书。我觉得以我的英文水平和实力，绝对很有挑战！

恩，就这样开始了，然后我给自己设定了一个阶段性奖励，第一本书如果看完，我会奖励自己一个 BOSE 的主动减噪耳机 QC25（对，就是那种戴上之后，过马路根本听不到汽车声音，很容易被撞飞的东西）。

完不成的惩罚呢？完不成，我就把这本书连封面一起吃掉，吃掉，吃掉。

4 嗨～失败了，大不了重来

小步开始，鼓励性坚持，如果还是失败了呢？

回想一下 2015 年我失败的习惯养成案例吧：

三阶魔方

吉他

老友记学口语

PPT 信息图

……还有很多，就不丢人了。

但是失败了是一件很正常的事情啊，所有的美好都是要付出代价才能得到的，一个好的习惯也是啊！

但是如果它值得你继续去追求，那就重来好啦。

还是那个步骤，先开始，再将目标分解为每个小阶段去实现，每个小阶段不断给自己设置奖励和惩罚。

最后，就是继续保持一个积极的心态，每天变得更好一点，也就足够了不是？

不断去尝试重新挑战

总 结
SUMMARY

回到主题，如果你想养成每天都读书的习惯，可以尝试以下方法：

◇ 包里永远装一本书　　◇ 每周去买一本书

◇ 每个月去图书馆刷光你借阅卡里的借书额度

◇ 每天把书打开一下

上面的“药“可以单独吃，也可以一起吃，一个月疗程保证有效，没有用，别怪我！

开始你的习惯养成计划吧！

成功人士的碎片时间都在干嘛

成功人士的碎片时间打开方式

没有时间读书实际上是很有意思的话题。

一本书读完要花很长的时间，我坚持不下去；

我怎么知道它有没有用呢？

工作那么忙，下班累成狗，读书岂不是更累人？

如果你也有上面的想法，那么都有一点完美主义的心结。

完美主义就像去做一件事情总是希望做到最好。

所以在还没做之前就想着，要所有的条件都准备妥当才能去做，否则就不会开始。

就像我准备拿起一本书要看——

☆结果发现桌子太乱了
☆家里声音太吵了
☆椅子不舒服
☆背景音乐没有设置
☆微信和微博又弹出信息提醒了呢
☆还有你一个小时候以后要出去约会……

哎，还是想把这些烦心事儿先解决再看书吧，于是我选择放下了书本……

这不是我们每个人或多或少都会遇到的情景么？

那么有没有正面一些的例子呢？那些我们眼中的成功人士，他们是如何阅读的呢？

比如小六一直很崇拜的 @ 秋叶大叔和 @ 萧秋水教主，他们会在什么时候看书呢？

进入他们的微博，然后以“书”为关键字，你就会看到类似这种一大堆的结果：

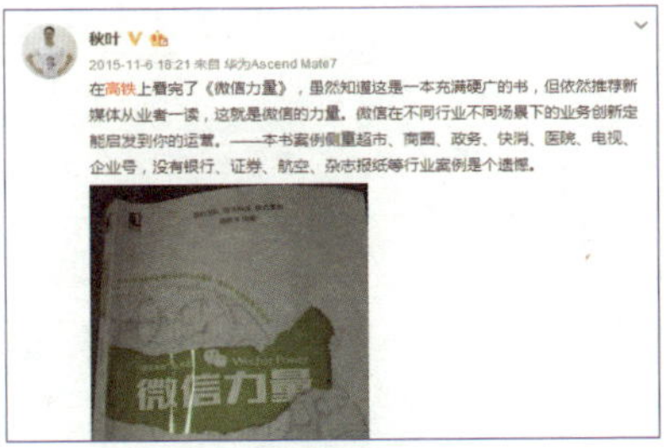

秋叶大叔

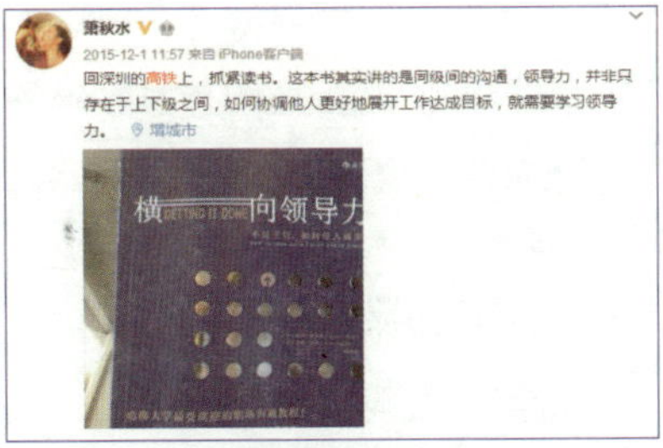

萧秋水教主

截图就放两个，其实是一堆，感兴趣的可以自己去验证一下。

给我的感慨是，两位每天飞机高铁到处跑的前辈，一直在利用碎片化的时间（比如坐高铁，等待的时间）在进行阅读。

郝明义的《他们说－有关书与人生的一些访谈》里面，有一节是访问詹志宏的。

詹先生是PC Home集团的董事长和城邦文化的创始人。他提到自己的书房里有很多的书包，每个都装有几本书。

“为什么要总是把书包装那么重呢？都装了些什么？”

——就是贪心，我读书快，总是怕手边没有书可看，所以每天早上出门就会慌张地想，书包里应该多放几本什么书。

我可能有一堆相关资料，正要处理的文件要带，但是只放一本书又不甘心，怕有时候可能忽然想看某些书，所以忍不住多塞一点……通常，都是些和气氛完全悖反的书，可能是想跟一个题目搏斗，所以放了一本相关的书，又怕有些零碎的时间比较想看娱乐性的书，因此又偷偷放了两本小说。

读到这段忍俊不禁。

确实如此啊！每次出趟门，一天或者几天，总想着多塞几本书，又为塞什么样的书发愁。

好在现在有 kindle，休闲类的比如小说用 kindle，商业类的需要做笔记的就带纸质书。

我和一个女性朋友聊天，我们都工作了将近 10 年了，然后她发出了一个感慨：

就是工作越久，越发现自己需要学习，阅读的需求越迫切。

我说是啊，你看机场和高铁站的书店，进进出出的也大多是背着通勤包的人。

因为工作和阅历的关系，越能发现自己的不足和对新知识的敏感度，所以越希望能够学习；而通过书本阅读来学习，是最自由的方式，随时随地，塞进包里就行。

李开复先生在最近的一期论坛做分享的时候，提出了 " 每年读 100 本书 " 的建议。

我很庆幸人生有三个阶段，每年阅读各类书籍超过一百本，那是我最快乐、成长最多，得到最多养分的时期。

对于读书，我有“三做三不做”的建议，希望对大家有启发：

1）多读不同意见的书
2）多读历史
3）要中西融会贯通
4）别读翻译劣质的书
5）少读纯理论的书
6）少读成功学的书

再有就是任志强、潘石屹、梁文道、罗永浩这些我们耳熟能详的大人物，他们的微博很多都和晒自己在读什么书有关系的。

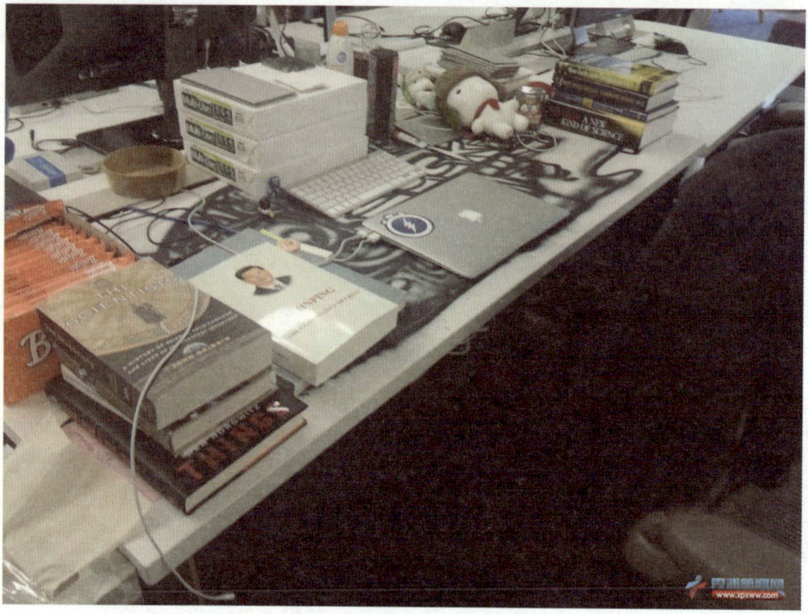

扎克伯格的工位上全是书

怎么才能做到 1 年读 100 本书呢？

现在不是挺流行 100 天习惯养成么，那就不如先从 100 天 33 本书开始练习吧。

有什么方法和诀窍么？

《书都不会读，你还想成功》的作者二志成提到的一些方法，我做了一下整理提供给大家进行参考：

（1）购买能够抓住你的心的 33 本书，不论是书的封面、作者还是内容

（2）在微博上坚持写读书日记，比如 #100 天阅读进化 #，

同时简单记录一下书的名字以及花费的时间和所读的页数

（3）严格遵守晨间读书 1 个番茄钟

（4）严格遵守晚间读书 1 个番茄钟

……

根据之前阅读训练营的数据统计，一本 230 页的书，如果一天只花 1 个番茄钟，一周可以轻松读完，如果一天两个番茄钟，一周两本书对你来说是很轻松的。

对，还是那个问题，你有这个洪荒之力去做么？

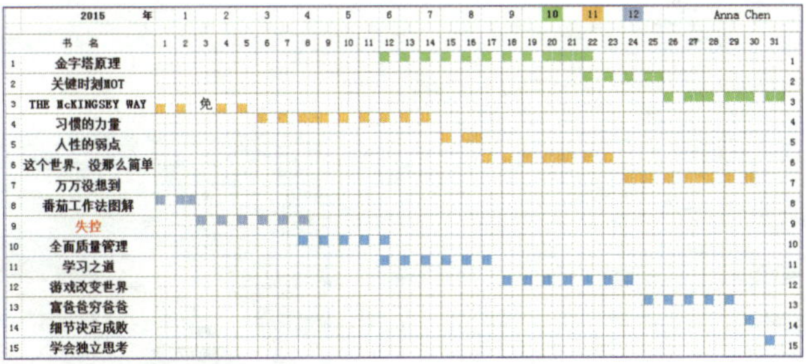

打卡来自 ANNA

所以，如果有人跟小六说：“你说了这么多，我还是没有时间读书”。

那我一般都不再提供什么建议，因为在你的优先序列中，阅读不在前几列。

时间是碎片的，这已经是我们这个时代的既定生活状态。

所以，如何利用自己的碎片时间是一个很重要的话题。

方法有一堆，但前提是，阅读对你真的是时间的问题么？

毕竟，你已经知道了，比你没时间的那些人，他们都还在想办法阅读呢。

为什么他们靠读书能挣到钱？

梁文道的《一千零一夜》很特别

他的录制是在北京的大街上，在地铁车厢里，在天桥的涵洞里。

你如果是看优酷上的节目视频，会看到梁文道在行色匆匆的人群中一边走一边解读一本经典的书。

经典的书 + 世俗的场景，这种结合不但不突兀，反而让我们普通人有一种贴切感。

细想一下，我们每天不就是在这样的街景中走过么？那些普通的街道和行人，普通到我们都从来没有留意过。

而现在在这条路上，我们和梁文道一起共读经典，这是多么平凡而又伟大的体验？

知乎大神 @ 采铜是这样评论这个节目的：

papi 酱的视频现在很火，但是你会看第二遍吗？可是梁文道的《一千零一夜》，即使是 30 年后再来看，也不会过时吧！

保守的自由主义：罗辑思维

罗辑思维是最近一年才开始卖书的，在这之前每一期节目都是以几本书围绕一个主题来策划一期节目聊一个话题。

几年追下来，书架上到处是看节目之后买过的书，以及那些书延伸的其他书。

我这样说，应该算是正儿八经的罗粉吧。

看罗辑思维久了，书自然就读得多了。

于是就发生了让我欣喜若狂的事情：那就是有时候罗胖开始讲一个段子，我就能反应过来，哦，这个段子是来自哪本书里的。

你看，这就是阅读带给我的成长的自信。

> 就像一棵树，树干啊，树杈啊，七七八八慢慢被我熟知，甚至罗辑思维还没有讲的一些东西，我也已经接触到了。

冬吴相对论

这个节目是梁冬和《21 世纪商业评论》的主编吴伯凡两个人唠嗑的节目。

虽然目前暂时停播，但是现在在“喜马拉雅“上还是能找到之前聊过的 500 期话题。

冬吴相对论

梁冬的敏捷活跃，吴伯凡的憨厚睿智，两个男人嘻嘻哈哈，妙趣横生。

吴伯凡的阅读量惊人，每期都会结合一两本书来展开话题的讨论，聊的过程中还经常旁征博引，让你听完之后，很有想把他提到过的书都买过来读的冲动。

我经常在没有思路写文章的时候听上一期，然后把他们提到的书都买过来读一遍（或者买过来读一遍之后再听一遍）。然后马上思路充电满格，火力全开。

简书的签约作者群

这个群的日常聊谈“污”的惨不忍睹，段子和冷场交替进行。

但是你别看是群嬉笑怒骂的年轻人，实际上他们已经红遍知乎、微博，甚至名下已经出版过好几本畅销书了。

闷声发财的一群年轻人，就是指的他们。

我自认为自己阅读量还可以，但是发现他们的阅读量才叫惊人。

有一次我说想看小说，想请大家推荐一本，结果 @ 徐沪生，这个IT 男出身的作家，噼里啪啦一口气推荐了十几本我一本都没听说过的（是，我很 LOW），而且告诉这些在他的新书里面都提到过。

这还不够，更重要的是，他们是一群勤于思考的写作者。所以你看他们的文字，往往惊叹为什么他们还那么年轻，思想却那么有深度？就像我喜欢的蒋方舟，而这个小圈子里有一群“蒋方舟”。

认识他们之后，我经常会把他们的书买过来阅读；看上去有点鸡汤的书名背后，实际上是一个深度思考的灵魂。

我属于年纪最大，最不红的一个了，但在学习这个圈子，年龄和经验都是不值一提的。

你呈现的内容是唯一让人尊敬的标准。

聊到这里，你会发现：如果你在主动地阅读，挣钱变成了一件很自然而然的事。

罗胖说，古时候，富人是不读书的，他们会雇一群人给自己读书，他就是那个读书的人。

我们身边不都是在做这样的事情的人么？

吃到了好吃的，我发个朋友圈分享一下；

去了一个地方觉得特好玩，分享一下；

读到一本好书的时候，觉得对自己特有收获，那为什么不尝试进行整理和分享呢？

如果有一个人告诉你，看了你的文章有收获，给你打赏了，哪怕1块钱，你也能体会这种知识转化后的喜悦。

分享可以形成一次价格差，就像我5块钱进的货，10块钱卖给你一样。

一本书我20块钱买过来，阅读、整理，结合其他的经验，把它变成一篇文章，一个视频，甚至一次线下的分享会，你来点赞，你来买单。

这也是读书的收益，阅读和挣钱，并不冲突，反而是相互依存，成为自然而然的事情。

我在过去的3月份，因为阅读和阅读之后的分享带来的收入，占我的总收入的1/4。

这是一个很好的开始，不是么？

我坚持了一年，在初步建立了自己的知识体系的情况下，开始了用知识实现变现的目标。

那么如何构建自己的知识体系呢？我们下一节再聊咯。

如何构建自己的知识体系

我们每天都在接受微信公众号的文章轰炸，我们点赞、转发，甚至保存。然后呢，我们为了什么学习？

我们发现自己有好多东西要学，但是哪些对我们有价值呢？哪些投资回报率不高呢？我们选择的标准是什么？

我们好像懂得了很多东西，但是别人一问，我们却讲不出来……

我们的职场核心竞争力真的有么？我们怎么建立起来？

身处的行业或者公司即使最大，也随时可能会倒闭，如果公司靠不住，你是否具备了不依赖的能力？

构建自己的知识体系就像建大楼

如何构建自己的知识体系

第一步：从为什么开始

建立自己的知识体系，就像从一个四海为家的人到给自己建一栋安居的房子，你应该先问问自己为什么要这样做？构建自己的核心价值么？这句话在职业规划中老生常谈了，你有么？

（1）我为什么要去学习？

作为一个“功利”的成人学习者，我觉得知识能带给我价值，那价值体现又在哪里呢？体现在资源、人脉、金钱还有自信。特别是我这样一个从北漂转到三线小城的孩纸，我不学习，我就只能拿三线城市的平均工资……拿到 IPO 出任 CEO 赢取白富美走上人生巅峰，难道只能在朝九晚五的格子间里靠运气么？

（2）我该怎么学习？

在工作中学习：工作中积累处理工作任务，与人沟通，也可以学习同事之间的优秀做事技巧和方式。我对办公室政治的敏感度为零，这样就可以专注于处理工作，避免人事间的消耗。推荐阅读《曾国藩的正面和侧面》。

在工作外学习：利用早上和晚上的时间来学习，这个时间段没有过多的干扰，大块的时间可以用来专注做一件事。其他零碎的时间可以用做适合零碎看的内容：比如英语、新闻等。

（3）我要学什么？

通过下图的金字塔，我会发现自己现在每天学习和坚持的事情是在哪个区间里面：

你可以有多个专业领域一起玩

对于成年后的知识工作者，如何提高金字塔的高度是最重要的问题，即知识学习要聚焦，选中一个方向走下去，持之以恒。对于自己不擅长的知识，你需要知道谁最擅长，争取得到别人的帮助。因为水平最高的人并非所有方面的水平都最高，只不过因为他们知道自己擅长的是什么，缺少的是什么，充分发挥自己的优势，紧密跟同伴协作。– 田志刚《你的知识需要管理》

总之一句话，学那些让自己变得更加专业的知识，让自己的专业知识金字塔变得更高。

第二步：知识的获取

搞清楚了目的，也知道了要学什么，怎么学之后，接下来我就要理清楚我能从哪里获取知识。

注意，我说的是知识，不是信息，也不是数据。知识是我可以用来借用的，而信息和数据不一定是。比如小米的“饥饿营销”可以被我利用，成为我的知识。

所以知识的获取过程包含了筛选的过程，那么这些信息从哪里来呢？

1. 书本：快速阅读和主题阅读的方式能让我快速掌握某一领域的知识，对于畅销类的商业书籍其实也有它的可取之处，你至少知道了当下大家都在谈论什么。

2. 微博：我关注微博的技术类大 V 们都很少发生活类信息，他们更多的是发干货文章的分享。

3. 微信公众号：在优质的微信公众号里面的文章，你会发现很少有心灵鸡汤，有很多干货；

4. 网络云课堂：怎样既能学到东西又不用去上海、北京的学校呢，那就去上网络云课程吧。

第三步：知识的整理和保存

知识的淘汰更新非常重要，我们是知识工作者，不是历史学家，很多信息甚至在我们收集到手之后就已经过期了，所以果断抛弃我们当下用不到的知识，用断舍离的方式来提醒我不要囤积“能用”但是当下对我没用的知识垃圾。

对于收集的素材和资料，我会保存在两个地方：

第一个地方是电脑，通过 SVN 和 VPN 我让家中的电脑和公司电脑里的文件保持同步更新，避免了来回复制的麻烦。

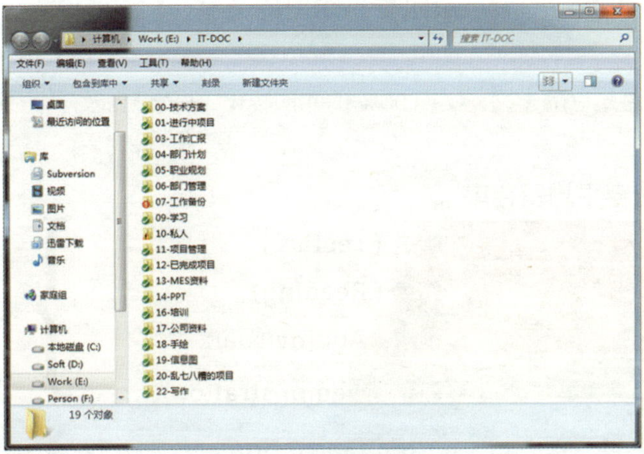

SVN 能保存我的文档中所有的历史版本

第二个位置是网络笔记，通过印象笔记我把随时随地采集的信息（照片、想法）等通过手机保存，同时这些资料会同步到我的 PC 端去。

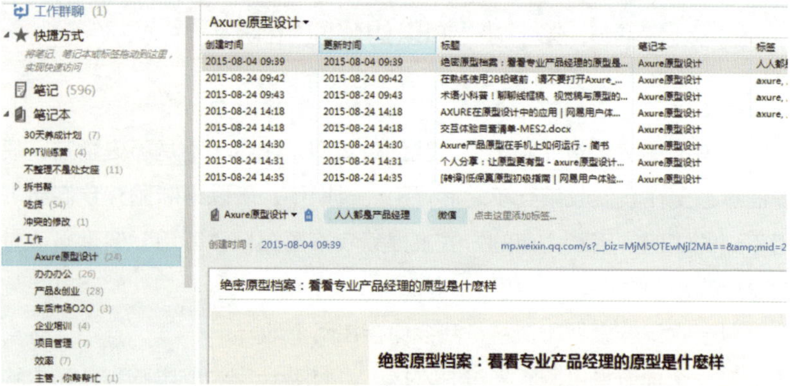

网络笔记本能随时随地记录想法和素材

第四步：知识的分享

教是最好的学习，实现 90% 的知识转化，分享是最好的方式。

学习金字塔

那么有小伙伴会说，哎，我自己都没学好，哪敢提什么分享呀。你一定要等到自己学富五车，饱腹经纶之后才有勇气做分享吗？我在简书上分享了 40 几篇读书笔记，每一篇都廖有人问津，点个赞的都没有。这样也是一种分享啊，分享的过程我们强调的是输出，你只要能找到输出的地方，就一定会有人回应你的。

公司内部培训，部门内部分享，网络分享，文章分享，知乎问答，百度知道，能分享的地方太多了。对，这些都是检验你到底懂不懂的真正战场。

想尽办法让别人知道你知道

第五步：知识的利用

如果知识对你没用，就是浪费时间。

通过收集、整理和分享之后，你已经将隐性知识转化为显性的知识了，不光你的大脑里有，你还能 SHOW 出来，工作当中不正需要你这样的伙伴么？

我也经常把学到的工作技能用到工作实践中，比如有一天早上看《视觉化你的会议》这本书，发现如果大家一起用画笔，用贴便签讨论的方式，效果应该会不错。于是下午的会议我们就尝试了一下：

学到的就要用

在工作过程中利用你所学到的东西，既能验证所学的知识，还能提高工作效率，何乐而不为。不要忘咯，我们现在学习的目的就是为了工作嘛。

第六步：创新做不到啊

创新其实没有我们想象的那么难，但也没有我们想象的那么容易。你看一堆创新类的书籍是没有办法实现创新的，就像你看完外科手术的教学视频，你还是不会动刀做手术一样。

当我们构建出属于我们自己的知识体系，创新就是在这个知识体系统的各个模块前的跨界组合。I ONLY SEE WHAT I SEE；我们的创新源于我们已知的世界。你的知识体系越健壮，越丰满，越经常更新，创新就会是一件小事。

小结
SUMMARY

让我们回到最初的第一步：黄金圈法则。

通过前面的六个步骤，我想你可以将自己正在学的，或者想要学的知识进行定位了。

就像下图我自己整理自己的定位一样：

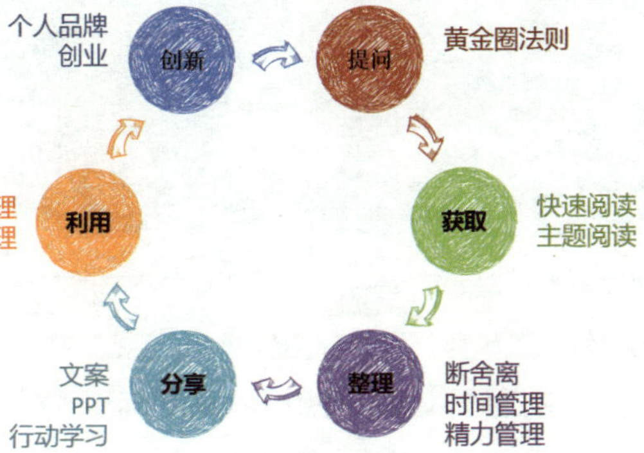

建立个人的知识体系，对在学习的正要学习的知识进行整理

就像一栋大楼的建设一样，先有框架，然后才有大厦：

为什么阶段：着重锻炼的提问能力和逻辑思考能力；

获取阶段：练习快速阅读和主题阅读，学习大V们的读书方法；

整理阶段：学习时间管理、精力管理，断舍离，如何画思维导图，如何做笔记记录；

分享阶段：学习如何写出吸引人的文案，如何做好PPT来展示，如何通过行动学习和NLP让分享过程变得更加有活力；

利用阶段：主要是在项目管理中实践，并学习结构思考能力，在汇报、沟通中提高效率；

创新阶段：学习如何建立个人品牌，学习想到一个点子之后，如何快速成型，如何去试错；这些点子又如何能应用在你的工作中——其实，工作就是一种创业。

建立个人知识体系之后，大厦就很容易建成了

通过以上的步骤，目前我初步建立了自己的知识体系，这个体系能保证我在工作的时候该使用什么技能，该提高什么；也保证了我实现“两小时高铁生活圈”的时候，可以自带系统随时和大城市的人群、网络进行链接，随处插拔。而在这些与工作和生活的链接中，我又在不断地更新我的 U 盘系统，保证自己不被淘汰。

总 结
SUMMARY

互联网思维不是工具，它是世界观。读完这篇文章之后，你可以尝试构建自己的知识体系。

愿每个人都可以像一个 U 盘一样，自带系统随处插拔。

愿每个人都可以和别人不一样。

为什么我们选择花钱培训，而不是阅读？

赵周老师在《这样读书就够了》这本书的开头也讲了一件很有意思的现象：企业家们愿意花几万、十几万的课程费去听课，即使知道这些课来自《高效能人士的七个习惯》、《卓有成效的管理者》等商业、管理类书籍。而这些书，只要二三十钱一本。

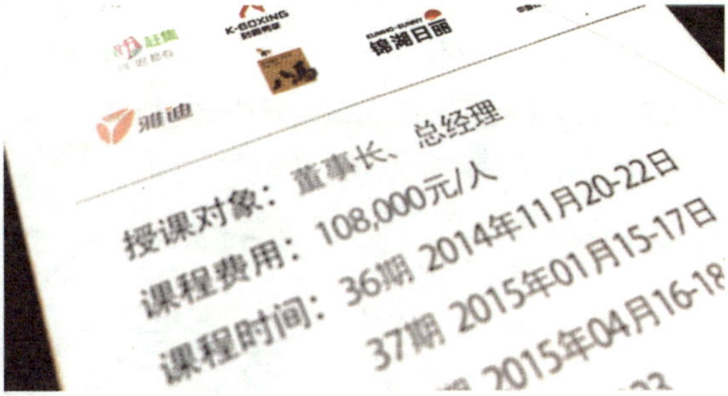

论互联网时代如何进行高性价比地学习

管理类书籍。而这些书，只要二三十钱一本。

看文章的小伙伴们，用几万几十万去参加培训的估计不多，那我们看看“性价比”高一点的课程：

知识管理课程：2 天 3480 元

PPT 训练营：2 天 2380 元

POP 手绘入门课程：2 天 1480 元

UML 软件方法初阶：2 天 1000 元

敏捷开发方法：1 天 800 元

以上信息都是我接触到的，大家在百度里搜一搜，也可以找到很多类似的信息。

我之前也报了几次培训课，平均每天 1000 的课时费应该属于“性价比”超高的那种了。但几次下来，我发现其实效果确实有用。可作为一个书呆子，我每次参加培训都记录下全过程，然后去买这位老师的书以及其他相关题材的书做主题阅读。后来发现，其实，这些内容书上都讲过了，一些新鲜的东西，在老师的微博上也经常会出现。额，那我还去参加什么呀！我自学就好啦！

所以今天非常想和大家讨论的话题是：为什么我们宁愿花几千甚至上万的培训费，而不愿意去看几本书学习呢？

也许是因为穷吧

这是我问自己的问题，如果你也感兴趣，请接着往下看。

一．为什么我们没选择读书，而选择去参加培训？

这个问题我也问过身边的朋友，甚至是企业的老总，他们给我的回答有下面几种：

1

时间宝贵，我看书需要花大量的时间，听课的话，别人能帮我整理好。

2

去听课，有现场感，能接收到指导，容易学进去。

3

现场可以交到一些朋友。

以上三点，我自己也曾这么想过：

时间上，舟车劳顿路上的时间不说，培训课程一般都需要你花整段的时间来进行学习。

在现场真的能更容易接收到指导么？那要看你是什么水平了，如果你是一个门外汉，那么你花费的代价最后仅仅是一个体验，更别提你能在现场提出什么深奥的问题了。

朋友确实是资源，想去听课认识朋友我认可，但你花这么多钱认识的几个人，完全可以通过其他途径啊，你又不用结交达官显贵，公益类的线下活动就可以满足你的需求了。

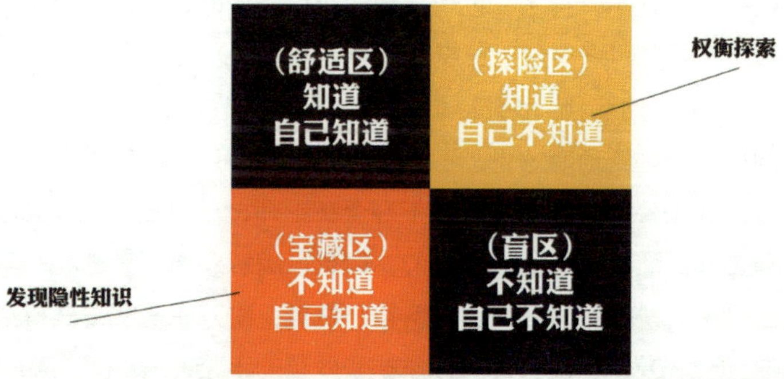

接受培训的过程是发现和权衡的过程

二．为什么可以通过看书来代替培训？

（1）读书更能节约时间

我们通过阅读的方式来学习，时间对我们是可控的，可分配的。进度可以根据我们自身的情况随意调整，恩，停停停，这段我再想想，这段你们几本书一起说。特别是训练技能方面，和培训中的集训方式相比，利用碎片化时间进行学习更适合我们成年人。

（2）读书能更系统的学习

阅读的最大优势是，你可以请一堆老师给你上课；通过主题阅读，可以把市面上所有相关专业的老师都请到你的家里。对于一个你想学习的课题，可以让他们逐个讲述自己的见解。然后你再从中摘取自己想要的、能理解的知识。讲得不好，你还可以随时让他即刻离场，不会有丝毫尴尬。

（3）读书更容易表达自己的想法

我们参加培训课程更多的是一种被动接受。虽然现场有互动环节，但往往发生在课程快要结束的那可怜的 15 分钟里。你能表达什么呢？你能提出什么问题呢？

但是阅读就不一样了，你可以随时暂停，随时记录你的想法。你读完之后还可以在网络平台上发声，和网络上的其他人进行讨论。

（4）自己下厨练的不是菜，是你做菜的手艺

课程是否达到预期效果，不是看你的状态，而是看老师的状态。

就像你去餐厅吃饭，味道好不好全在厨师；运气不好，如果你是冲着厨师去的，结果那天他徒弟掌勺，你是该满意还是不满意呢？所以如果是自己学习，就像是自己买材料自己做饭，刚开始确实会做得烂，做得难吃，但是慢慢就好啦，而且你掌握了做菜的手艺，下次给你新的材料，你一样可以轻车熟路地做出来了。

出去吃？还是自己做？

三．如何通过看书来取代培训

这时候你会说，我哪有那个时间和精力！确实是，我们成人每天都疲惫不堪，读书对我们来说确实是一件费力不讨好的事。但是你都有参加培训的雄心壮志了，那么我相信，你会有勇气看完我下面讲的方法的。

（1）快速阅读

快速阅读是第一个解决我们职场人时间紧迫的方法。每天只要花一到两个番茄钟（每个番茄钟 25 分钟），就能彻底搞定一本书，没有负担，也不会对你的时间分配造成压力。

快速阅读不会增加你的时间负担

（2）主题阅读

这是针对一个主题进行全方位了解的大杀器，选中一个主题，然后搜索豆瓣上评分较高的书单，然后集中用快速阅读进行筛选。找到主角书本和配角书本，集中学习主角书本，用配角书本来进行补充。十几个老师给你讲同一个命题，你觉得你还可能不懂么？

主题阅读-时间管理	2015-08-15 23:02	文件夹
主题阅读-手绘	2015-08-31 17:57	文件夹
主题阅读-数据分析	2015-08-19 17:51	文件夹
主题阅读-思维导图	2015-08-20 16:47	文件夹
主题阅读-通用管理	2015-08-31 17:57	文件夹
主题阅读-文案	2015-08-21 08:58	文件夹

针对自己的所需做主题阅读或者去参加培训

（3）拆书方法 RIA

拆书方法是针对致用类书籍的“葵花宝典”。致用类书籍就是书本的段落中提供了一个明显的行动方法，你可以用到的招数：

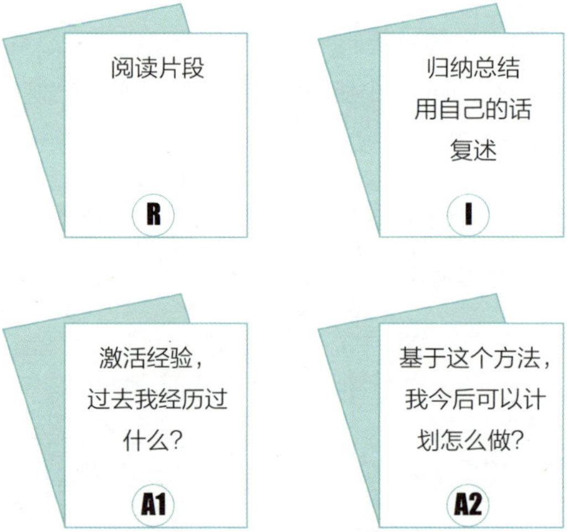

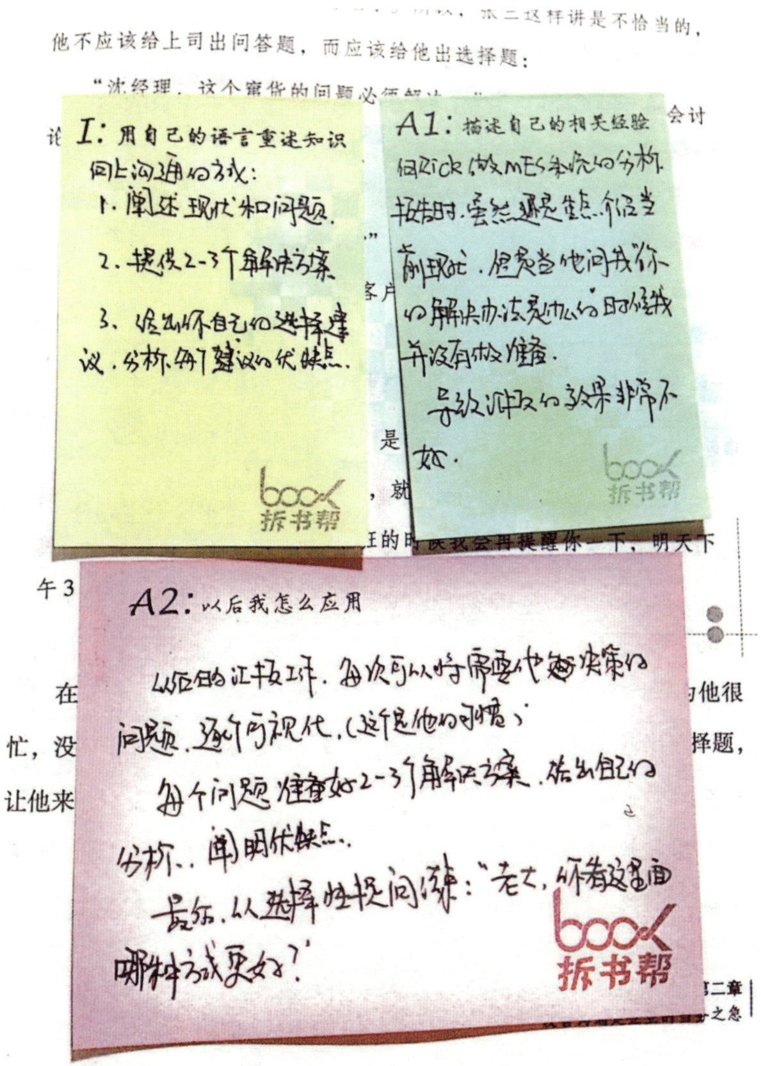

RIA 便签读书法，能快速让知识和自己的经验产生链接

RIA 拆书方法很好地解决了我们读书，翻翻翻，忘忘忘的毛病。遇到方法就可以进行激活应用，立即输出下一步行动计划，可谓是学以致用的“小李飞刀”，快准狠，带着标签去读书，逼着你立刻输出。老师课堂上讲的那些高大上的 BAT 案例跟你的实际工作真的贴合么？为什么我们不通过整理自己的案例来学习呢？

关于拆书帮，我有一篇活动文章可以参考：《拆书帮－镇江第一次活动实录》

（4）读书会

①读书会是你能和参加培训一样，认识一群对同一主题感兴趣的伙伴，你可以结识朋友，甚至还可以相亲，么么哒（对，据小六的经验，线下读书类的活动，单身女士的参与度最高）；

②读书会是你有了充分表达想法的机会，对于这个主题分享出你的理解，来让别人去讨论。类似六顶思考帽一样，它让认知变得更开放，而你也更容易发现自己的视角盲区。

四．哪些适合通过看书来学习，哪些不适合？

（1）商业类合适

商业管理类的书籍都可以通过自学的方式来完成，以我多年的亲身经历，我认为听培训老师讲书上的内容，还不如我们自己看书——便宜啊！

（2）技能类入门合适

思维导图、手绘、POP 这种动手类的知识，我们也可以通过参考自学书籍的方式来进行学习、但是入门比较合适。如果要进行高阶段的训练，还是需要去参加培训的。对，不要以一个新手的身份去参加培训，而要以一个爱好者的身份去参加。

（3）身心灵入门合适

身心灵的微课程，朋友圈有很多朋友参加，而且价格不菲。我没有体验，所以没有发言权，但是身心灵的书籍我倒是看了一大堆，咳咳，如果真的要去参加，那就先看看张德芬、李欣频老师的书吧。

要去禅修？先看看乐嘉老师的《本色》吧，后面有一大块内容专门讲如何进行 7 天禅修的，非常好玩。也许你在家就可以修练，不是么？

其他类型待补充，欢迎讨论。

五．除了看书，还有哪些要补充？

（1）网络课程：MOOC，可汗，网易云课堂

网络课程的好处是你可以随时暂停，你可以根据自己生活节奏来提交你的作业。

（2）微博，直接 @ 请教

你在确认主题，确认要读哪些书的时候，这些作者其实都可以通过微博或者通过其他方式来找到。你可以将你的阅读想法随时 @ 的方式来进行交流。大 V 们很乐意转发并回答你的问题。

（3）简书，知乎，分享，讨论

看书的另一个补充就是简书和知乎了，简书倾向于分享和表达；知乎倾向于解决别人的疑问。两者都给我们提供了很好的讨论空间。这时候你的课堂就不是那个二三十人的课堂了，你的讨论空间是全世界，还

有什么比这更让人兴奋的呢？

（4）直接去培训师的“老巢”

直接找到你想参加培训老师的微博和博客，进行偷师学艺。很多老师的课程在形成课程体系之前都会在他的微博、公众号，或者博客网站中进行系统地阐述。

而且还会比他的课程更加随意一些，你会发现他有很多思路。就像大厨一样，你可以看到他锻炼、学习、做菜的过程，而去参加培训就是去吃而已，对么？（咦，为什么又提到吃）

六．不行，我还是想去参加培训！

虽然上面说了这么多，但我并没有否定培训的价值，我只是在实践一种可能性，通过最小代价的方式来学习；如果你还是觉得看书不踏实，还是想去参加培训的话，那么我来提最后几个个人建议：

（1）学习基础知识，把培训时间放到高阶提高上

你还是应该先看书，啊哈哈哈，看一本入门的吧，这样到了课堂上，你就不会一直追着老师的思路了，你可以基于已有的认知来结合老师讲的内容进行补充：

（2）培训过程提前准备自己的问题，争取针对性的辅导

为什么这么说呢，因为如果一个入门级别的知识你都学不进去，那么高阶课程就可以不用去上了，你看，多省钱。

自学入门之后，你成为爱好者，你需要提高，这个时候高阶的课程，可以将你的学习曲线从平缓提升到另一个高度。

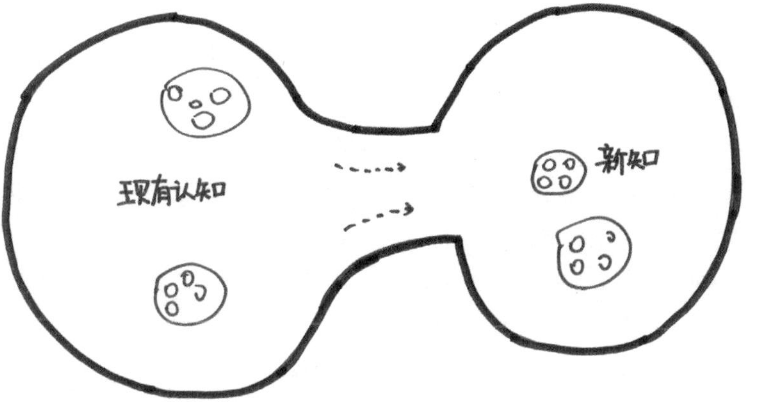

新的认知是基于现有认知衍生的

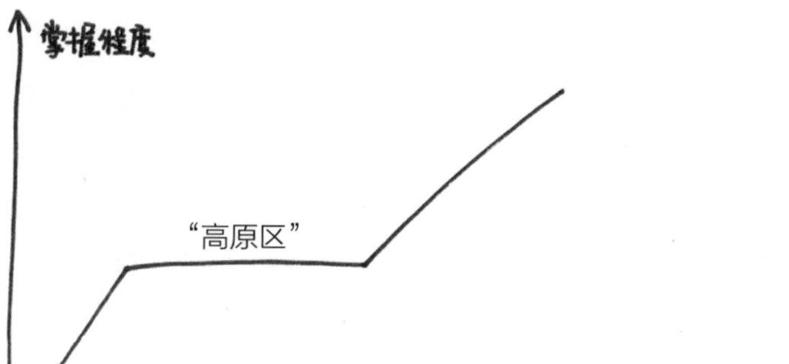

培训能让你快速度过"高原区"

高阶训练的过程，你也可以针对自学的问题有的放矢地去寻求老师的帮助，老师的解答甚至还能手把手地帮你解决一个问题，那么你的学费也就挣回来了。

（3）带着转化的心去接受培训

如果你最终去参考了培训，那么如何将培训的知识最大化地吸收呢？

带一个偷师学艺的心去尝试一次吧，你要准备做一个课堂转化，也就是学完回来之后要做一次分享会，将你已经具备的基础和参加培训的成果转化成一堂分享课。

教永远是最好的学。在你学习的过程中就要意识到，学到的知识是要用来教别人的，这样你肯定会全程积极投入进去汲取课堂上的宝贵经验。简书 @ 水菱有篇文章可以参考：《你只是在听课，而我复制了整个流程》。

小 结
SUMMARY

我们一直在谈互联网 +，谈互联网思维，可是我们的学习思维还停留在工业时代。

如何进行高效的自我学习，运用互联网 + 学习的方式进行专业化生存，即是我们的省钱之道，也是我们提高自我学习能力，应对瞬息万变的社会的最好武器。

愿每个人都拥有从容阅读的能力。

你适合读什么书?

我们都知道阅读是一种很好的学习方式，但是阅读对很多人来说确实是一件非常难的事情。

- ☆想看书的时候不知道怎么选书；
- ☆照着别人的书单买了书，却发现根本看不下去；
- ☆然后咬牙切齿地坚持看，发现太占用时间，约会怎么办，谈恋爱怎么办（如果你有的话）；
- ☆好不容易看完了，记不住啊，摔；
- ☆死记了不知道如何应用呐，好像什么都没有改变……

所以我们感慨：阅读怎么就这么难?

本文目的是从阅读的分类，针对类型，寻找市面上主流的阅读方法，来帮你彻底改变原有的阅读观念，并迅速掌握快速学习，提升自己的能力。

1. 阅读有哪些类型呢?

郝明义在他的《越读者》这本书中将我们的阅读分成了四种饮食的标准（吃货的智慧真是无穷啊）：

主食阅读

主食阅读，是为了寻求人们职业、工作、生活、生理、心理等方面，一些现实问题的直接解决之道。这一类很像是让我们有饱腹感的主食。主食阅读，我们可以称之为“生存需求的阅读”。

美食阅读

美食阅读，不求针对你人生的现实问题，提出直接的解决之道，然而，却可能帮助我们从一个看起来间接但是又非常根本的方向，思考这些问题或现象的本质是什么。这种阅读是在帮助我们体会人类内心深处的共鸣，思想深处的结晶，很像是饮食分类里的“美食”。美食阅读，可以称之为“思想需求的阅读”。

蔬果阅读

蔬果阅读，是为了帮助我们查证阅读过程中不了解的字义、语义、典故与出处，很像是饮食里的蔬菜、水果。蔬果阅读，我们又可以称之为“工具需求的阅读”。

甜点阅读

甜点阅读，和前面三种的不同之处，在于没有一定的目的，不为了寻求现实问题的直接解决之道，不为了寻找思想的结晶，也不为了参考或查证，阅读就是为了娱乐、消遣，是一种休闲活动，很像是饮食里的甜食或零食，追求的就是口感。甜食阅读，我们也可以称之为“休闲需求的阅读”。

你看，这样一来，我们要讨论的话题就从读什么样的书变成：我们该怎么合理搭配饮食了？

主食阅读对职场人士特别重要

主食阅读对职场人士来说特别重要，就像我们吃饭，如果没有主食，就吃不饱肚子一样，他们就特别需要迅速补充高碳水化合物的食物。

所以阅读学以致用类的书籍能够让职场人士有更多的精力进行工作。

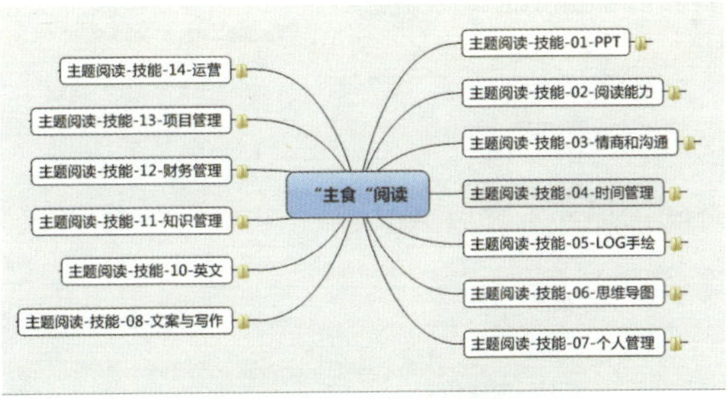

小六家的私房菜－主食阅读

比如小六第一次做产品经理，啥也不会啊，怎么办，先买一堆这方面的书籍看，先对产品管理有一个全方面的框架，然后再去投入工作。

主食阅读有哪些缺点？

要注意的是主食阅读有它的时效性。因为它是一种满足当下需求的阅读，是为了当下的生存需要的，所以当你的地位和环境发生变化的时候，主食阅读的效果也会随之改变。

比如《人人都是产品经理》这本书在小六还是产品新手的时候特别受用，但是当做过几次产品之后，这本书的内容就不再适合我了，我的阅读方向要细分到需求管理、风险管理、过程控制等。

美食阅读塑造灵魂啊

许多文学、哲学、科学、历史、艺术方面的书，都属于“美食阅读”。

它相对于主食阅读的大米面条来说，更像是鱼肉海鲜，是高蛋白的营养食物。

主食阅读讲究的是解决当下的问题，美食阅读更像是在间接地塑造和填充你的骨骼与肌肉。

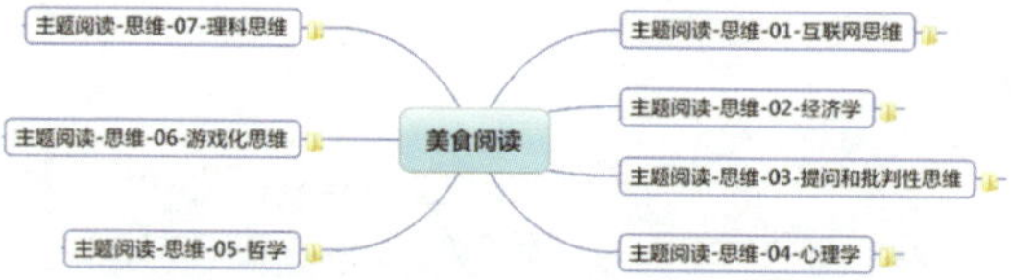

但是美食阅读却并不容易消化

原因有这么几个：

1

①格调太高：

比如我向你推荐米兰昆德拉的《生命不能承受之轻》（The Unbearable Lightness of Being），或者是莫言的《生死疲劳》、《檀香刑》，你一定觉得小六在装格调，装文艺青年吧。

2

②消化太慢：

美食阅读因为它的高格调，会让很多人望而却步。

商业类书籍可以快速阅读，一天读一本或一周读一本都可以，美食阅读却往往像吃西餐，需要正襟危坐，细嚼慢吞，一天不可能读完，一个礼拜也够呛，一个月里慢慢品读还差不多。

3

③不知道怎么选？

很多大V都在让我们读经典，可是什么是经典啊！特别是美食阅读中的经典，市面上往往“挂羊头卖狗肉”较多，现在的书本标题都是文案高手起的，如果你逛过诚品书店，那么就像是游荡在一本书的大型商场中一样。人家只按书的类型划分区域，并没有为我们标注哪些书是经典。

4

主食阅读和美食阅读之间往往界限并不明显。

科特勒的《市场营销》，你说它是属于主食呢？还是属于美食呢？这些就只能交给我们阅读者自己来判断了。

生存需求的饮食，由于我们寻求的是“现实问题”的“直接”解决之道，因此比较容易知道自己的需求在哪里。但是思想需求的饮食，由于它追求的是比较深层次的内涵，因而通常比较耗时、费力。

2．我适合读哪类书？

讲到这里，了解了阅读的类型，那么你就应该知道，自己现在是怎样的阅读饮食习惯了吧？

其实也很简单，就是你现在是什么状态，你希望自己通过阅读发生什么改变咯。

☆ 如果你已经衣食无忧，事业有成，那么陶冶情操无可厚非；

☆ 如果你还需要在自己的生活圈里拼搏奋斗，那么快速补充能量的主食阅读也许是你当下最适合的；

☆ 但是在任何情况下，都不要忽略精神上的饮食。

你读了多少书一点都不重要，重要的是，你记住了多少。

3. 那我们该用什么方法读书呢？

你是专注商业类书籍呢？还是专注休闲阅读呢？

小六之前在线下活动的时候，就偶尔会遇到这样的尴尬局面：我针对主食阅读介绍快速阅读方法的时候，有高人拿着《道德经》问我这本书能不能快速阅读……就像端着老母鸡鸡汤问我能不能用手抓着吃一样……

不同阅读的类型，有不同的适用的工具和方法：

☆ 检视阅读能够让我们快速了解一本书的内容；

☆ 商业类书籍因为具有很好的金字塔机构和逻辑性，所以可以使用 80/20 法则进行快速阅读；

☆ 消遣类小说适合随便读；

☆ 哲学经济学适合分析阅读，做深度学习；

☆ 如果对某一个主题感兴趣，可以进行主题阅读，但是前提是要掌握快速阅读的技能。

世上没有一个万全的方法适用所有的书籍，但是掌握这些方法就像是掌握了各种餐具的使用。好处是，当你拿起一本书，就像摆在你面前的一道菜一样，看完这篇文章之后，你就已经知道该如何去对待了。

是主食，还是美食，还是蔬果，还是点心？

该用刀叉，还是筷子，还是拿手去抓？

读完一本书为什么老是记不住？

为什么我们总想要记住，又为什么总是记不住？

为什么根本不需要记住？

如果看书不记，那我们看书干嘛？

利用80/20法则，花20几块钱就让作者给我解决了一个难题。这和拿着书从头看到尾，到处做笔记摘录，最后写一篇书评，哪样更有效呢？

1. 为什么我们总是读完记不住？

很多小伙伴在整理自己的阅读问题的时候，都会提出一个问题："看过了之后我老是记不住怎么办？"

强行让大脑记住不会成功。我们回想一下高考，通过那么高强度、高密度的考试之后，那些科目的内容我们现在还记得多少呢？

2. 如果记不住，那我们读书干嘛？

你看一本书的目的是什么呢？就像你参加一场培训，是希望老师全程几个小时讲下来的内容全部都记住么？还是说里面有一两个点激发了你的兴趣，让你产生一种冲动："这个想法不错，要不试试？"

对，读书也是这样，就是翻下来，里面有一两个点让你想"试试"！

学以致用，就是这个意思。

举个例子。小六最近在看时间管理的新书叫《哪有没有时间这回事》，午休的时间我用 30 分钟看完。这时候你回收，30 钟看完你能记住了什么？

这里我简单解释一下，为什么我能 30 分钟看完。

（1）通用的知识我已经储备了。时间管理类的书籍我已经看过不下 10 本了，所以一本新出的时间管理类的书籍，其中绝大部分的知识都已经被我所认知，因此在阅读的时候，我的潜意识是直接把它过滤掉了的。只有那些新奇的想法和观点才会让我产生新的认知兴趣。

（2）大脑是有自动补全功能的。即使我选择性地过滤掉部分内容，现有的知识体系也会帮我补全。

所以基于上面两点，我用 30 分钟刷完了一本书。那问题来了，这 30 分钟里我收获了什么？拿其中一个点做例子，比如讲到的我们一般的时间计划为什么会失败：

☆ 6:0–6:30 起床洗漱

☆ 6:30–7:30 运动

☆ 7:30–8:00 早餐

☆ 8:00–9:00 上班路上

……

然后我们费尽精力把每个任务放到重要紧急四象限的格子里去，用番茄钟让自己在这个时间保持专注，最后——我们就失败了

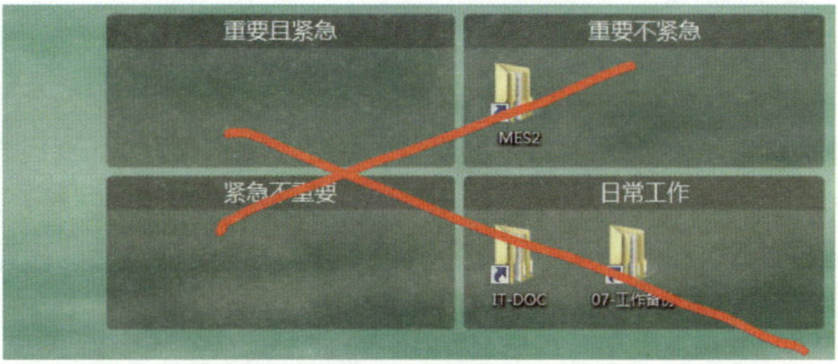

重要紧急四象限

为什么会失败呢？因为这种将自己的时间设定在具体的某一个小时做什么的时候，我们潜意识是抗拒的。你可以理解为我们的祖先从来就没有这么做过，所以你就算是 90 后、00 后也不会成功的。

那作者给出了什么建议？就是讲自己每天的时间分段，比如找到自己的规律，上午适合做什么？下午适合做什么？下班前的一两个小时适合做什么？睡觉前的那段时间适合做什么？

STEP1：激活自己现在的经历：

咦！这个说法让我很感兴趣！原来我每天强行把工作任务用番茄钟限定死，其实并没有什么用，所以我坚持了 4 周之后还是失败了。

那么，我接下来该怎么做？

STEP2：这就是直接拿过来用了！

按照书中的说法，我先把接下来自己要做的所有事情，全部写到一个清单里，然后每天在睡觉前在清单里找出一些自认为重要的事情，放到第二天做。

这就是我的每日清单。有了这两个清单，再评估自己的时间段，“恩，这事儿上午做吧，需要费点脑筋呢——额，整理 XX 这件事午休后做，迷迷糊糊反正工作效率不高……”

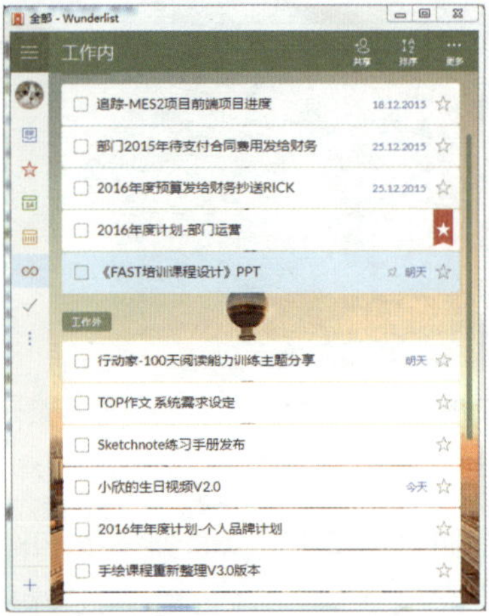

我的所有代办事项清单

恩，不好意思，这本书我花了30分钟就学会了上面的这些内容，但是作者提出的这几个观点就彻底解决了我对时间管理的迷惑。

我立马就尝试，然后发现对我确实有效（对你有没有效我不知道）。

这本书如果我看第二遍，或者我去做读书PPT会不会更有效果，当然，如果那样做我就需要花费大量的时间才能有所收获。

利用80/20法则，这本书23块钱，也就是我只花了30分钟+23块钱的费用就让作者给我解决了一个难题。这比我从头看到尾，到处做笔记摘录，最后写一篇书评哪样更有效呢？

最后的结论

职场阅读，你根本不需要一本书从头读到尾的读，你也不需要强迫自己记住书本中所有的闪光点。

你要做的是什么？是当你读到其中某一个片段，你能够发现自己的问题，然后尝试应用书中的知识解决自己的问题。

这种想法不是我发明的，是拆书帮的帮主赵周老师提出来的，来自《这样读书就够了》。

快速阅读：如何用30分钟读懂一本书

接下来我会从以下思路来解释如何实现，希望我自己的阅读经历能给大家提供一些参考：

1. 为什么要进行30分钟快速阅读
2. 如何实现30分钟快速阅读
3. 超级记忆和思维导图在快速阅读中起了什么作用
4. 快速阅读的优点和弊端

实现30分钟阅读一本商业类书，需要你掌握番茄钟+快速阅读+超级记忆+思维导图四种技巧结合来完成。

1. 从买！买！买！到书奴到国王

（一）买买买时代：我是一个屯书狂，京东当当亚马逊，任何一次满 200-100 的活动我都没有错过；几年下来，问题来了：书本堆积如山，更要命的是，我发现很多书买来之后又出第二版了，而我居然还在看之前的！

（二）书奴时代：于是在 2014 年年底我发起了“超人计划”，就是每周一本书 + 每周一份读书笔记的方式，对我采购的书籍进行“轰炸”式阅读。读书笔记以简书为基地，开始了自嗨阅读旅行：

一周一本书计划在简书持续了 40 周，完成 30 篇正式读书笔记，写废 10 篇

这种死磕的过程中，我每天花在阅读上的时间是多少呢？我没有做过统计，但是都是每天早上起床洗漱之后，就开始看书，时间大约在 1 个小时，一页一页的看，画重点，贴便签。然后在周六周日憋着写读书笔记，结果发现已经忘记周一周二看的是什么了……

根本记不住，看多少忘记多少啊

可以肯定得是一周设定一个阅读目标，然后去完成它，这个过程确实让我对我的阅读计划越来越有信心，但是面对堆积如山（真的，晒书房 APP 登记的有 600 本）的书籍，我还是产生了恐惧：

①我输出了 30 篇读书笔记，做了几次读书 PPT，为什么我好像什么都没记住？

②一周一本书，在买书如山倒面前，还是这样读下去，完全是拿有限的生命和无限的战斗在拼啊！

晒书房 APP 里堆积如山的书本，即使一周一本也要看十几年

但是得救的机会还是幸运的来了：秋叶老师的《如何高效阅读一本书》和战隼老师的主题阅读推荐给我很大的启发；拆书帮的苏州分舵舵主河马给我推荐了《王者速读》。

如果有一种方法，能够在只用 [一周一本书]20% 的时间实现 [一周一本书]80% 的阅读效果，你会去尝试么？

是的，我会！

（三）国王时代

来，说吧，30 分钟说不明白，你就滚

我现在每天早上花 30 分钟的时间进行阅读，不管是出版社赠书还是图书馆借书，或者从朋友那里薅（hao 一声）过来的，30 分钟强迫自己必须看完。如果确实精彩，会再给 30 分钟。这里面有很多书籍只看

10分钟就扔回书架了。

哎呦，这么厉害，怎么做到的呢？

第1步：转变心态

你不是书奴，《如何阅读一本书》里面的分析阅读是让你成为书的奴才，从第一页到最后一页，你战战兢兢，细心服侍，生怕错过了任何细节，怕漏掉了作者的真知灼见。

你要成为书的国王，书是奴才，你让它从书架上下来给你讲，它就得下来，你听烦了让它滚，它就得滚。你日理万机，哪有那么多时间听一个奴才絮絮叨叨跟你扯几天几夜？

经过革命，你从屯书狂变成了一个阅读国王，它现在已经被你召唤到手上了，然后呢？

第2步：准备番茄钟

番茄钟是一个时间管理工具，一句话说明：就是利用道具让你在一段时间内保持专注，阻止外部和自身打断。

关于番茄钟类的手机APP多如牛毛

第 3 步：5 分钟自我介绍

想象一下你在逛书店，拿起一本书的时候，你会干什么？

利用 5 分钟的见面时间你可以去看一下的内容：

> 1. 封面 - 封面除了这本书的题目，还有副标题，以及背面的作者介绍或者专家推荐；这是一次很好的文案阅读机会，一般标题高大上的，副标题肯定会告诉你这本书到底想干嘛？
>
> 比如：《创新的艺术》- 世界顶级设计公司 IDEO 如何创新、《以图代言》- 用漫画讲述产品故事。
>
> 2. 作者自序 - 作者为什么写这本书？他希望达到什么目的？他觉得适合什么样的人群？他大概讲了哪些内容？他觉得重点在哪些章节？有的作者甚至会告诉我们不同类型的读者，他们阅读的顺序是怎样的。

这 5 分钟非常关键，通过书本的自我介绍，让你明确你读这本书的目的性。你是该开始下一步？还是该放弃？

哎呀，买来就这么不看了多可惜？你忘记了吗？成人学习，最宝贵的是时间呢！如果 5 分钟的介绍你都不明白它到底要讲的是什么，或者它讲的你完全没有兴趣，那就让它回到书架上吧，不要浪费自己的时间了，皇帝陛下。

第 4 步：5 分钟关键点扫读

扫读的过程有点像飞机在大海上寻找隐藏的活动火山口：你在一望无际的海上航行，从东太平洋飞到西太平洋，然后忽然发现海面上有一缕黑烟，恩，标记下来，这个下面可能是活动火山。然后继续航行。

这个过程非常快，基本上在每页停留的时间很短，那看什么呢？图片，表格，粗体字，段落开头和结束，这些都是你要寻找的关键要素，这些都有可能和前面作者做自我介绍时相关的。

扫读就是在海上巡航找目标

这个过程一定不能贪恋，就像你在海上发现一个冒烟点，你不能就绕着飞，然后放下绳索去一探究竟。你要对书本有全局的观察，把重点的地方标记下来，然后飞走，下次再来。

你能发现的是你选择看到的 - 所以不用担心有遗漏

第 5 步：15 分钟精确打劫

经过前面两个步骤，你对这本书的目的，内容，重点都有了粗略的了解，你也发现了书中一些你感兴趣的点。那接下来就是精读了。

精读就像是海盗抢宝藏，整个岛都踩过点了，哪有可疑目标你都标记好了之后，你要做的就是利用 15 分钟的时间，去那几个感兴趣的地点抢宝藏。对，冲过去，杀光所有的守卫，抢了一个据点再去抢下一个点。

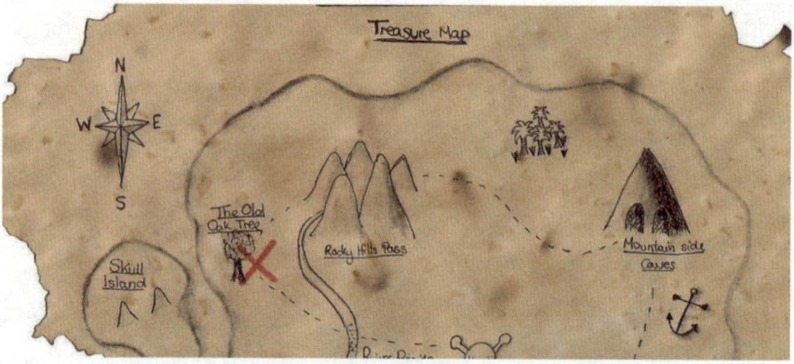

对书本上的精准目标实施打劫

经过 15 分钟的击杀，你已经把这本书里面你觉得是精华的部分全部看完了。恩，30 分钟确实可以看完的嘛。那接下来是不是就结束了呢？没有哦，接下来，你需要立马进行回顾和总结：

第 6 步：5 分钟输出整理

回顾的阶段很简单，就是把前面 4 个步骤你大脑吸收的东西写出来。你可以用列大纲的方式，也可以用思维导图，甚至可以用手绘的方式。

超级记忆和思维导图在快速阅读中起了什么作用？

（1）超级记忆

快速阅读课程当中要求每次快速阅读完成之后，立马对训练的片段写大纲回顾；写完之后，进行第二次阅读，再回顾。

我实践的 30 分钟快速阅读一本书也是这种方式：30 分钟速读一本书之后，立马写大纲回顾刚才看到的重点。

那你肯定会说，刚看完，我哪写得出来？

对哦，如果你刚看完立马写都写不出，那几天，几周后让你回顾这本书的内容，你还能记得多少呢？

所以我在一开始的时候也是写不出，然后就硬着头皮去回忆，只能写下几句话，作者的一两个观点而已。没有关系啊，因为我们是快速阅读，只要花 30 分钟就能迭代一次，所以，如果你时间充裕，还可以发起第二次洗劫。快速迭代阅读一本书，重复去整理这本书的要点。

（2）思维导图

上面的超级记忆我一直在做的一件事是写大纲，这里有一个辅助写大纲的图示化的工具，就是思维导图。

这张思维导图是自己为《启示录 – 打造用户信赖的产品》这本书做的地图，整理出来的重点都在这张图上；如果看第二次这本书，就可以直接在这张图上面进行更新、延展啦。

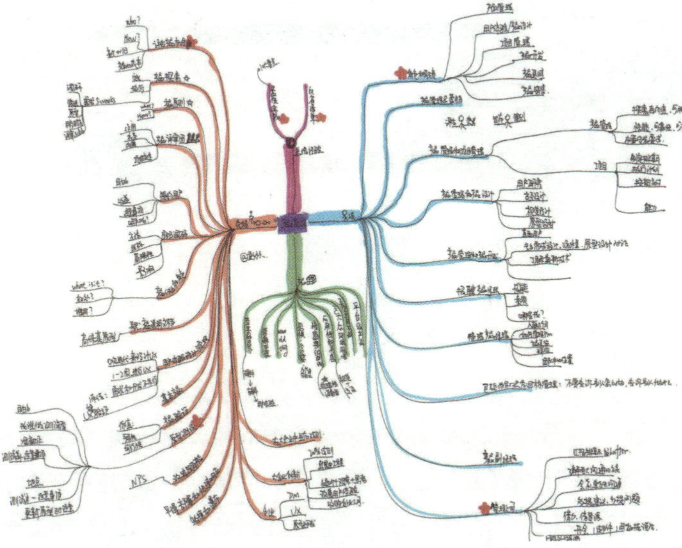

《启示录 – 打造用户信赖的产品》– 思维导图

别着急，我还没说快速阅读的优点和缺点！

看到这里，你可能已经认为这么功利的读书方法，完全背离了阅读的乐趣啊！我也认为快速阅读方式很“功利”，所以在文章最后，针对30分钟速读的方法，我来讲讲我的体会：

1. 优点：用20%的时间快速掌握书本中80%的重点，剩下的20%的重点不是不要，是不值得看。何况你还可以下次再迭代读一次嘛！所以快速不会对阅读造成负担，而且在这个拼数据的年代，一年读100本书这种事儿还是很有成就感的。

不要为了20%的重点浪费80%的时间

2. 缺点：适用的范围只局限于商业类书籍。商业类书籍一般都有明确的论点，而且围绕这个论点，作者会利用不同的章节进行阐述。一般都会使用金字塔原理的叙述方式，要么在章节开头，要么在章节结束部分，会把观点抛出来。

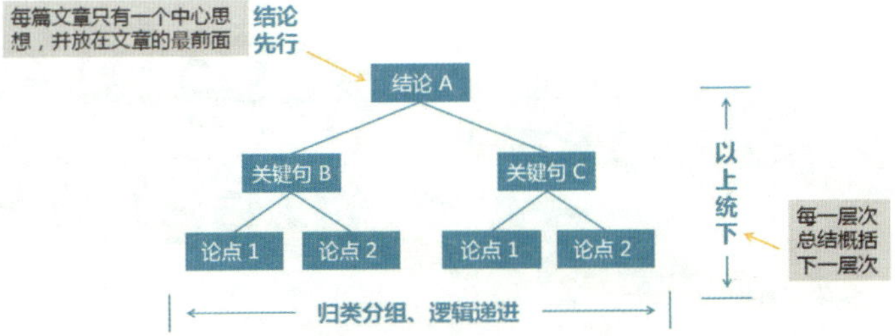

商业、工具类书籍的金字塔原理

商业类的书籍都遵循了金字塔原理的表达方式

小 结

SUMMARY

1. 我们成人学习没有那么多时间，我们花了那么多时间看书，然而并没有什么用

2. 作为一个男人，对每个女人都好，就是烂人；作为一个学者，对每本书每一页都视若珍宝，就是一个“烂读者”

3. 你要成为图书的国王，书是你的奴才；你随时可以召唤，随时可以抛弃

4. 30 分钟速读法：5 分钟自我介绍 –5 分钟扫读 –15 分钟精读 –5 分钟回顾

5. 超级记忆法就是阅读后立即回顾，迭代进行训练

6. 思维导图是你看这本书的最终成果

主题阅读：不用每年读100本书，也能成专家

有一次我工作所在的园区组织了一次各企业中高层管理培训，邀请的是北大XX培训中心的讲师来给我们讲互联网思维和企业转型。

一个下午的课程，我记了一页纸的笔记：

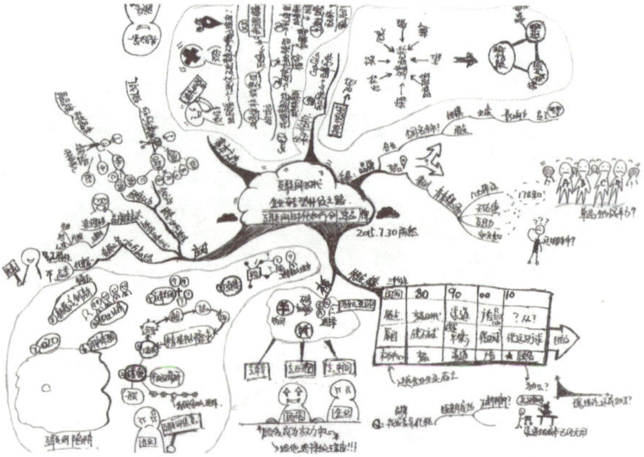

一个听课笔记

讲得确实精彩，但是意犹未尽啊，然后我打听了一下如果要上这个系列的课程，三天的培训费用接近10000元！

那么有没有办法通过自己的阅读来实现学习的目的呢？讲师在整个培训过程中重点推荐了一本《定位》的书，那就从这本书做切入口吧。

1. 第一步：确认主题和收集书单

于是我就开始找书单的过程，大概是这样的步骤：

(1) 我先百度了一下《定位》这本书

豆瓣搜索你想看的主题

(2) 找到这本书在豆瓣的页面后，我看了评分，哇，8.2 很不错！

而且发现这本书就是听课的时候那个北大 XX 中心联合特劳特中国进行出版的，讲师的案例在书上也都有体现。

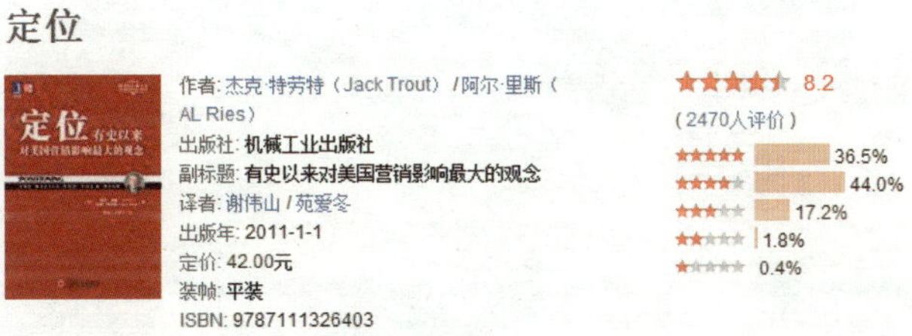

豆瓣读书的评分是一个很好的参考价值

(3) 喜欢这本书的人还可能会喜欢什么书？

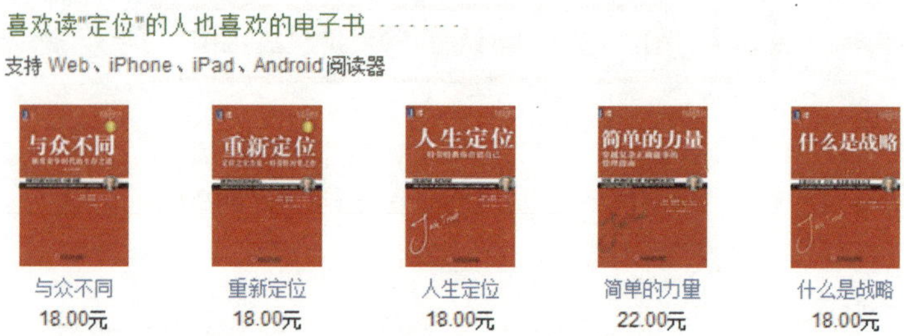

你可以从一本书发散找到一堆相同类型的推荐书目

看，有好几本哦，恩，除了给六一买猫粮，钱还富裕，那就一起买了吧！

咦，这时候你会问了，你又买这么多书，你看的完么？你买这么多书不要钱么？！

恩，我解释一下，为什么要花钱买这么多书，额，因为我觉得讲座这堂课还不错，定位这个思路也确实对我有用；但是这个中心提供的课程价格是 108000 元钱，还要去北京；所以我觉得，如果我能买几本书，哪怕只能搞清楚其中的 20% 的内容，你是不是会觉得很值了？

没有掌握快速阅读，主题阅读就会变成“被群殴”

书到了之后，我的主题阅读就开始啦！

确认一个主题和大概问题，然后死磕吧

2. 第二步：进行主题阅读

（1）先扫读

使用快速阅读的方法，将书单中所有的书全部快速阅读一遍。这个过程可能会淘汰一些书，因为我用 30 分钟读完发现，这本书可能和我要研究的主题关系不大。恩，就像这位姑娘虽然长得貌美如花，丰满高挑，但是对不起，不适合我，不好意思哈。

这个过程可能会确认一个主角，就是你主要要阅读的书，其他的书会沦为配角。

主角做什么？主角是本次主题阅读的核心书目，是书单里面你认为最好的一本。

配角要做什么？配角的任务是提供和主题相呼应的章节，这些章节对主角的内容进行了延伸和补充。

主角和配角

（2）再确认章节，确认共同的主题关键词

经过第一步的快速阅读，你已经把一本书里面比较重要的章节标记出来了（夹杂便签纸是不错的方式）

通过对主角书籍的仔细研究，让配角们做配合。

恩，这本书里的这个章节就是另一本书要讲的嘛——恩，这个章节在这本书里也有。

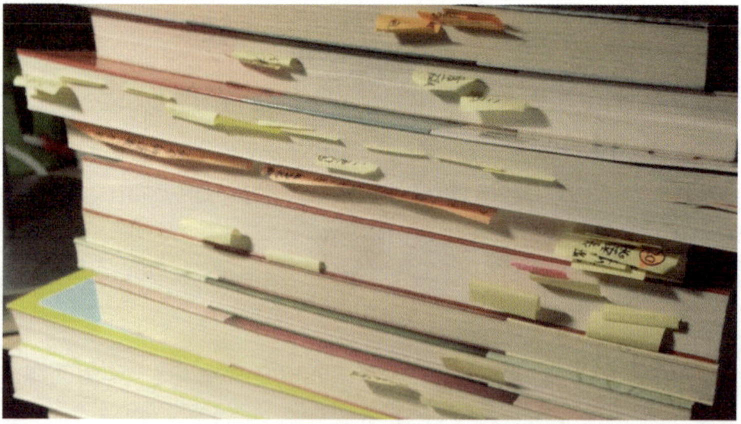

主题阅读书单里面的索引便签

（3）最后输出绘制思维导图，找到答案

绘制主题阅读的思维导图，一般有一个成熟的框架可以套用，就是5W2H，你要研究的这个主题，其实就是从什么是（What），怎么办(How)，适用于哪里(Where)，适用于什么时候(When)，谁来用(Who)等延伸开来的。

这个过程还能帮助你回头从主角配角身上搜集信息点。

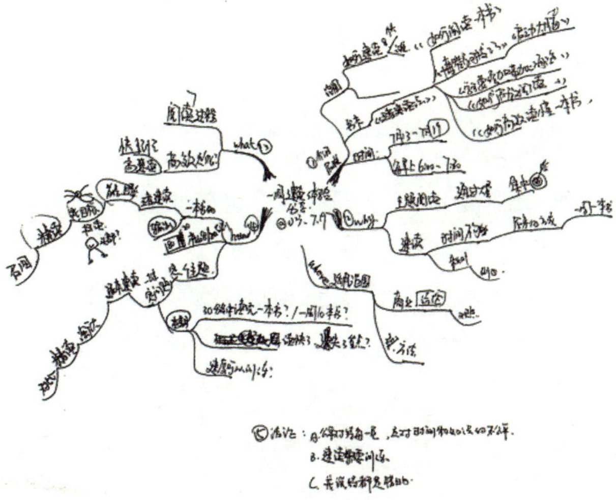

主题阅读的思维导图

3. 第三步：分享主题

任何学习没有分享的过程是不完整的。你需要验证你到底明白了没有！

我的个人经验是，在好友圈里发起主题阅读，然后承诺完成的期限，完成的标志是“我会在群里做一个30分钟的主题分享”。对，没完成罚100块……

对，没有金钱的惩罚，拖延症是无法保守治疗的

你可以写一篇主题文章，对这个主题进行讲解。你也可以向罗振宇的罗辑思维一样，给大家讲一段；我尝试在红点上做分享，讲完的录音继续二次传播，听听大家的反馈。这些分享既能验证你的成果，还能得到打赏，岂不是一举两得？

结 论

主题阅读是大V们经常推荐的一种方式

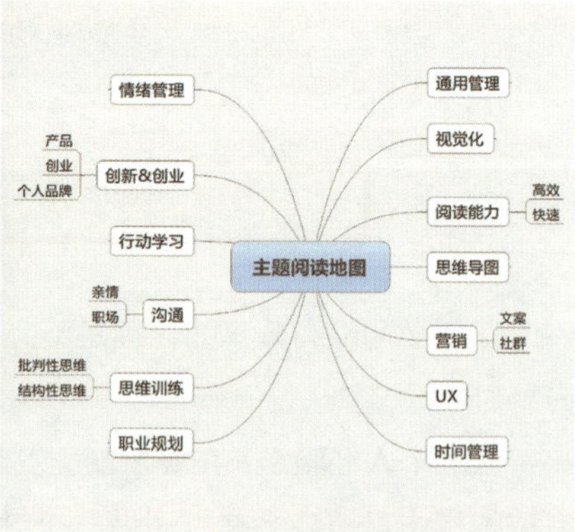

我的主题阅读地图

主题阅读是《如何阅读一本书》里面，阅读的最高阶段，也是秋叶大叔，十点读书会的战隼老师强烈推荐的阅读方式。

⑴ 它对执行者的要求：第一要颜值高（对，这是当然的！）；第二是要限时，你可以一个月进行一次主题阅读，也可以设定一周时间完成主题阅读，如果限时内没有完成，主题阅读就宣告失败。

⑵ 它的好处：目的性极强，火力猛，像机关枪出现在战场上一样，杀敌无数。一次主题阅读消灭10本书是很正常的。所以如果你要对一个陌生的专业领域进行全方位的入门，主题阅读是最好的方式。

⑶ 它的弊端：如果没有很好的快速阅读的基础，又贪多求快，很容易流于形式，最后什么都产出不了，那样的话，还不如好好读一本书，理解透了再去读别的；

⑷ 它的适用范围：主题阅读不仅仅适用于商业类书籍，专业类书籍应该也可以用这种方法，我还没有尝试过，希望有小伙伴尝试之后，分享出来。

使用主题阅读的方式，你可以集中消化一个作者或者一个专业的知识。其实这在专业研究领域应该是稀松平常的事情，只是我们“民用”的比较少而已。我的主题阅读刚开始是由一本书发散出去的，现在构建了自己的知识体系之后，就针对性地去做计划：

我想知道互联网思维的时候，我会把李善友的登高四书请来；

想了解创新的时候，我会找到《创新者的窘境》系列；

这样买书也会根据主题来买，每次投入二三百的样子，但是却能让我在小城市里很好地吸取当下流行的思想。

什么，老婆管得严？那就图书馆借吧，记得别在书上乱写乱画呀。

最后送给大家一句话：

读那么多书有什么用？——你忘记了绝大多数看过的，但是你记住的，成为了现在的你。

阅读的训练 - 从学渣到学霸 我的 100 天阅读简史

我用 100 天改变了我的阅读习惯

100 天以前，我是一个屯书狂，信奉“买书是最经济的消费方式”。但买书如山倒，读书如抽丝，漫无目的买了一堆，成了家里的装饰。

100 天之后，我初步建立了自己的知识体系，明白自己要读哪些，为什么要读，怎么读；我开始在简书上写自己的专题，在线上做主题分享，在线下和小伙伴一起拆书。

下面我和大家分享一下自我提升的过程。

一、蛮荒时代 - 漫读书

蛮荒时代就是漫无目的的无事乱翻书，朋友圈有人晒的，图书馆偶然翻到的；看到书单就收集，然后 kindle 里面下载了一堆电子书，十几个 G 的电子书，反正不要钱，反正不占空间……这个时期的读书就像像原始人的生活，看到顺眼的就放到嘴里尝尝；味道好就多吃，味道不好就扔掉；看到有促销就大量囤积，也不管看不看的完，合不合适。

蛮荒时代是见到什么读什么

这个时代的杂食方式很适合培养阅读爱好，知道自己的口味。但是从成人学习的角度看，我在这个时期的阅读并没有获得多少养分，阅读也没有给我带来实用的价值。

二、农业时代——一周读一本书

经过漫长的蛮荒时代，唯一锻炼的能力是对阅读没有恐惧，好吃的也吃过，难吃的也吃过，所以好坏都能尝尝。

在漫长的蛮荒时代之后，我参加十点读书会的100天阅读计划。这个活动被限定每天要对看过的内容进行124个字的小总结，并在微博中进行打卡，而且要坚持100天。

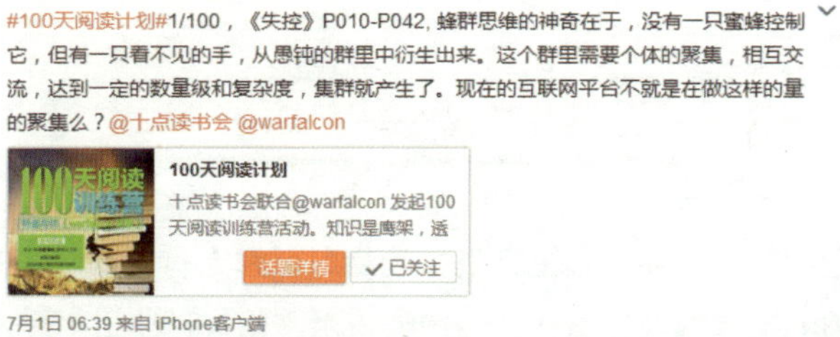

100天阅读计划让我从开始从蛮荒时代进化

这个过程每天都和天南海北的小伙伴们打卡互相勉励，“我一定能存活下来”是那时候经常和小伙伴们拼的一句话。开始是很折磨人的，因为之前是原始人，哪有这样的规矩；现在好啦，每天要写小总结——于是慢慢养成了习惯，看完书就立马落笔记录。

这个过程很辛苦，但是慢慢让我对读过的内容有了越来越清晰的记忆和理解。

因为每天都记录读过的书，读过了多少页，用了几个番茄钟。我开始了解自己的阅读速度。于是就想从蛮荒时代进入农业时代，我开始稳定下来，一周完成一本书的阅读，并产出书评或者读书 PPT。

这个过程对于书本的选择也开始有了一些方法：

开始通过豆瓣来找书，看书评，通过快速阅读豆瓣评价来判断这本书是不是适合我。

同类型的书还有哪些，这本书的延伸还有哪些？

勤恳读书的农业时代漫长但是却非常重要

三、工业时代——一天读一本书

农业时代的一周一本书计划让我每周都固定有了知识的输入，而且这样每周的阅读得到了量化，一周就 1 本，每天记录进度和小回顾，读完写篇整书评，这个过程很好记录也很好执行。

从农业到工业时代的交替，肯定需要重大的技术革命。我的第二次阅读革命就是了解了什么是“快速阅读”。

在职场中，阅读商业致用类书籍是绝大多数，我的一周一本书计划也绝大部分是属于这里。

开始尝试使用“快速阅读”之后，原来我看一本书逐字逐页，从头看到尾，每天一小时，一周看一本的阅读方式，变成了 30 分钟速读模式。我尝试练习用 30 分钟时间读懂一本书；这个过程当然没有那么容易，通过限时的方式来训练自己，30 分钟完成不了，就设定 1 个小时完成。

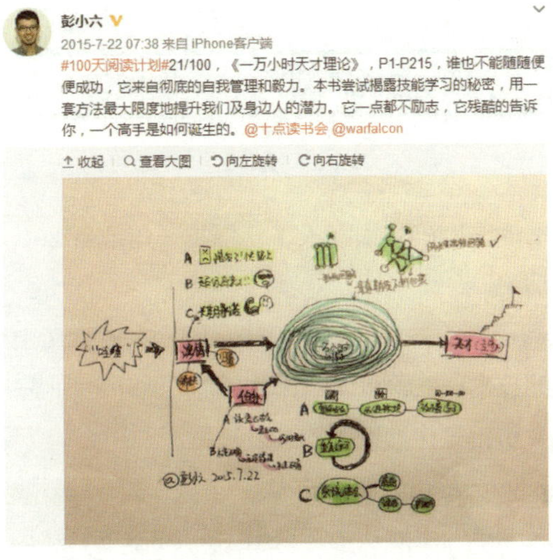

限时阅读，读后立马产出，讲究效率的的工业时代

快速阅读让我用 20% 的时间去找到书本 80% 的重点内容，剩下的 20% 内容，直接舍弃。这样的遗漏并不会影响我对书本理解，而且相对原来一周一本书的时间成本，快速阅读让我的效率提高了 5 倍，我可以做到一天读一本书。这简直帅呆了，我开始像一台机器一样对蛮荒时代和农业时代囤积下来的书进行快速品尝——合适的留下，不合适的送人。

快速阅读让我步入工业时代快车道

四、信息时代——主题阅读

1 天 1 本书的进度确实很吓人了，想想一年能看 300 本书，是多么牛叉的一件事情呀。

但是我的阅读训练并没有就此停步，因为在阅读量上来之后，我又开始接触到新的技术：主题阅读。战隼老师和秋叶老师强烈推荐过，《如何阅读一本书》也将其作为阅读的高阶过程。

主题阅读的方法是带着问题，设定一个主题然后寻找答案；通过主题，罗列出主题书单，之后从中筛选出 10–15 本书，然后在这些书中寻找答案，再产出主题报告。因为有了快速阅读的经验，所以我的主题阅读筛选过程非常快，一天一本的速度，可以在一周之内完成一个主题阅读。

这时候我已经不再执着于阅读量了，从原来的 1 天 1 本书变成了一周 15 本书，说出去人家会骂我是骗纸啊！我利用主题阅读进入了知识大爆炸的信息时代，我的个人知识体系也是在这个过程中初步建立雏形。

参加死磕小组让主题阅读变得非常有乐趣

主题阅读让我成为职业生涯的主人

五、互联网时代－按需阅读，建立知识体系

从漫无目的胡乱读书的野蛮人到了大阅读量的信息时代，虽然我也很反感对于阅读这件事情去讲什么数量，但是阅读量的增加确实让量变产生了质变：

这本书是否对我有用，如果要读，我还可以找哪些书来读?

进入一个新的领域后，我应该去如何快速补充这个领域的专业知识?

一本书我能从中应用几个知识点到工作中去?

以上这些我之前所没有思考过的，在 100 天后，我可以越来越能清晰地回答这些问题。

随着主题阅读的深入，和阅读量的增加，我对于读书方法有了更多的包容性：

面对基础类的知识，我会选择蛮荒时代的办法，遇到喜欢的就吃，东看西翻，精益试错；

面对基础专业类的书，我会选择信息时代的办法，进行主题阅读，进行全方位了解；

面对专业类的书籍，我会用农业时代的办法，精耕细作，慢慢研究。

于是我的阅读方式进入互联网时代，并尝试用变化去面对变化，几种阅读方式交替进行，根据自己的工作和生活环境来改变。慢慢学会了知识管理，也初步建立了自己的知识体系。现在的我就像一只自带系统随处插拔的U盘，随时更新。

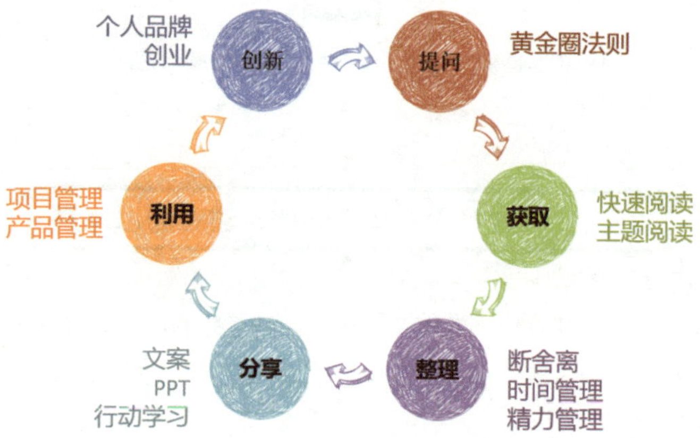

六、总结——改变的选择权在我们自己

100天的时间，占据了一年将近1/3的时间；我在这100天里完成了自己阅读方式的重要革命。我很感谢十点读书会和战隼老师这次的100天阅读计划，他们给我打开了一扇门，让我这个学渣有机会、有动力去做一次尝试。

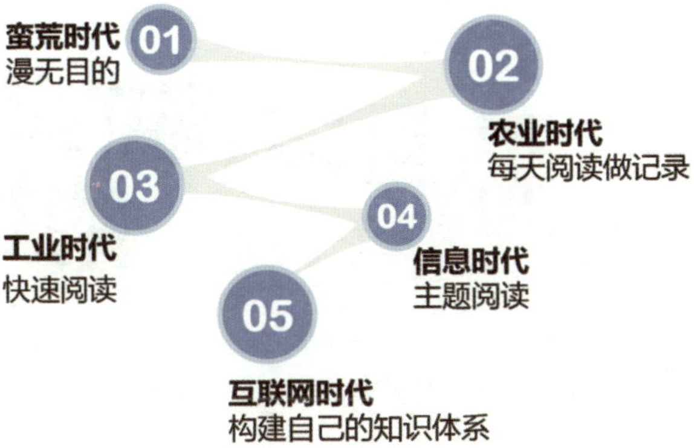

100 天阅读进化

我在这 100 天里的收获：

1、学会了放弃，没有人能看完所有的书，即使是你书架上的书；这 100 天让我学会了取舍，每本书没有好坏只有当下对你适不适用。所以果断扔掉不合适的，死磕适合你的。（单身狗们你们听到了嘛！）

2、认识了很多有共同爱好的朋友，阅读并不是孤芳自赏的事儿，它是一种交流，和喜欢读书的人交朋友，总是没有坏处的。

3、养成了好奇心，好奇心是驱使人们探索和发现的原动力，我很高兴我能养成这样的好奇心，让我去不断发现自己的无知。

4、学会了分享和表达，这种表达有手绘，有写作，有线上训练营分享，有线下的拆书活动；这种分享让我更加珍惜每一次的阅读时光。分享是最好的学习，是我最大的感悟。

我之所以今天写这篇分享，是因为我觉得它改变了我，而我也希望我的经历能让你有所启发，哪怕只有一点点，也就够啦，么么哒。

我说的不一定对，也不一定适合你，但是不试试，怎么知道呢？

做互联网的时代的神偷

《人类简史》提到一个很有意思的解释：远古时期的智人是看到什么就吃什么的，而且是吃到吃不下为止。比如看到一颗果树，那得赶紧吃啊，为嘛，因为你不尽全力地吃，等下猩猩猴子们来了，就什么都剩不下了。

到了互联网时代，我们的采集习惯有了变化么？我们是不是还是胡吃海塞式的，看到什么都觉得应该保存——先不管啦，也许后面用得到呢？

一方面我们面对的是信息的爆炸，另一方面是我们的基因还在驱使我们进行无节制的搜集。

1. 为什么要偷？

知识的获取是一种带有针对性的，自由汲取和分享型的活动。如何甄别什么样的信息才值得去偷？它必须满足两点条件：

1. 它对我有吸引力，要么在工作上用得到，要么能提升我的价值（虽然我已经高到爆表，但对你也许还有用）

2. 它的附加价值高，正常渠道就要付钱，可是我没钱。我一个月在简书也就挣 150 块钱，我什么时候能读到了 MBA？

所以只能偷咯

2. 怎么偷?

原来看网页保存到收藏夹里的方式现在也已经改变，我们通过网络笔记，将手机、PAD 和电脑端的信息保存，并保持了同步。

（1）顺手牵羊

印象笔记的“剪藏”浏览器插件，可以很方便地让我们将网页内容保存到网络云笔记中。

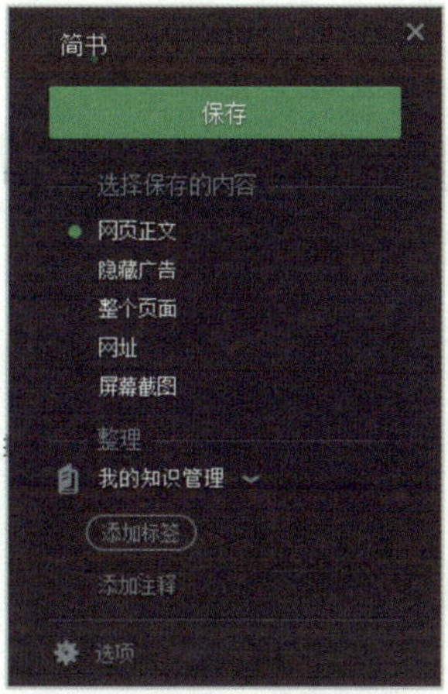

用印象笔记的网络剪藏随时保存网页信息

花瓣的浏览器插件可以很方便地帮我们随时收集网络图片素材，网页上的图片，只要点击采集就就可以收入囊中了。

用花瓣进行图片素材的采集分类

（2）偷偷观察、伺机而动

想做读书 PPT ？模仿微博“读书 PPT”呀

想写文章？模仿知乎日报呀

想做知识管理？模仿萧秋水姐姐呀

想学讲广告？模仿顾爷说绘画呀

想学讲故事？模仿罗辑思维罗胖呀

……

互联网这个时代，你可以随意观察大 V 们，你能想到任何行业都能找到专家，去偷专家的，去模仿和学习他们。哪怕是让他们说一句暂停下都可以，模仿是最快的捷径。

3．偷什么？

搞清楚了为什么要偷和怎么偷之后，偷什么就是一件很简单的事情了。

（1）偷现象背后的规律

秋叶大叔的 PPT 军团的活动在微博上一直很活跃？他们怎么管理那么庞大的微信和 QQ 社群的？他们如何组织每一次线上活动的？

十点读书会怎么组织 100 天阅读活动的？需要多少人参与？怎么运营？

罗胖每天 60 秒怎么坚持下来的，为什么要每天早上 6：30 就发布呢？

以上的答案，都在这些大 V 平时的分享文章和访谈里面，这里面可以偷到很多社团运营以及自媒体的一些经验哦。

翻墙进去看看

偷 80% 就赶紧跑

（2）偷重要不紧急的

为了解燃眉之急而进行信息获取，那样的信息是一次性的，没有收藏的价值。你要是很饿，掰根玉米棒填饱肚子就行，你不会有筛选和甄别。

收集那些对你重要但是不紧急的。我还只是一个程序员的时候，就在观察我们的领导是如何和客户谈需求，如何带领我们研发，进行项目管理的——因为我知道两三年之后我也会走上这条路（不要问我为什么ORZ）。

（3）用 20% 的时间偷 80% 的内容

及时看到很有吸引力的东西，你也要考虑清楚，与其竭尽全力全部偷过来，不如速战速决，花 20% 的时间获取 80% 的内容。知识是有互补性的，你完全不用担心，剩下的 20% 会在其他知识里面重新出现。

4. 上哪偷?

1. 阅读

郝明义在《越读者》中将阅读分成了四种饮食：

阅读的四种饮食类型

☆ 主食阅读：就像大米白面，我们为了生存需求和职场需求进行的阅读，为了掌握方法，学会技能，提高自己核心竞争力

☆ 美食阅读：就是高蛋白的海鲜，我们为了锻炼身心进行的阅读

☆ 蔬果阅读：工具书类型的阅读

☆ 甜点阅读：没有目的，就像饭后的甜点，看一些消遣类书

而我们人在职场，或者即将踏入职场，我们更关心的是哪类阅读呢？

小六觉得我们既要关注诗和远方的田野，也要关注一下眼前的苟且。

所以主食阅读是在职场人士的安身立命之本：

比如读小米的营销总监黎万强写的《参与感》，你可以学习到，小米是如何零开始一步一步做用户营销的方法；

读秋叶的《我的网课创业》，你可以知道，如何打造自己的网课品牌和团队；

读范冰的《增长黑客》，你可以学习到，如何不花钱或者少花钱让创业公司的用户及收入快速增长。

……

李开复在最近的论坛分享的时候提醒我们：少读成功学的书。

我的理解是，成功学会告诉你：去吧去吧加油加油，你可以的！

但方法论的书籍会告诉你，嗯，我当时是怎么干的，遇到了这些问题，后来我是怎么解决的，所以如果你做这件事，我总结了一些方法，你可以试试看。

2. 微博

如果微博只是你刷朋友圈的地方，那真是太可惜了！

（1）我的微博是用来学习的。

我定好自己要学习的领域和方向之后，会在微博上关注这个领域的一些大 V。

我的微博 PPT 教练团

专业大 V 的微博很少像朋友圈一样每天发些吃喝玩乐的信息，更多的是一些行业信息，碎片化的想法。

关注技术类大 V，关注他们分享的一些自己的课程和心得，你甚至可以通过微博的搜索，在大 V 的首页进行历史信息搜索，宝贝宝贝都到碗里来。

对不起，大 V 我上不起你的课，我偷你点儿吧

再比如 3 月 9 号，秋叶老师发了一条“我是如何做笔记的”微博，然后我惊喜地发现，这其实是一份关于如何塑造个人品牌的思维记录嘛！后面发现，秋叶老师确实用这几份手稿做了几场关于个人品牌建设的分享。

（2）微博可以和大 V 交流

这种交流不只是提问，而是一种“资源互换”，也就是你能给大 V 什么，然后才是你想得到什么。

比如现在你买到一本新书，很多时候可以直接在微博上找到作者，然后进行互动提问。而你还可以先把，你读完他书的读书笔记和思维导图发出来，然后@TA，一般大 V 都会设定固定的时间来回复读者的信息，

秋叶

3月9日 08:04 来自 iPhone 6s Plus

我是如何做笔记的？配图是我手写笔记《如何做好个人品牌》。手写笔记的好处是快，记忆深刻，关键是发出来可以装逼。遗憾的是很多人今天已经完全不会做笔记，所以我开发了一门课《轻松笔记：职场精英都在学的手帐术》，约吗？

轻松笔记：职场精英都在学的手账术,幻方秋叶P...

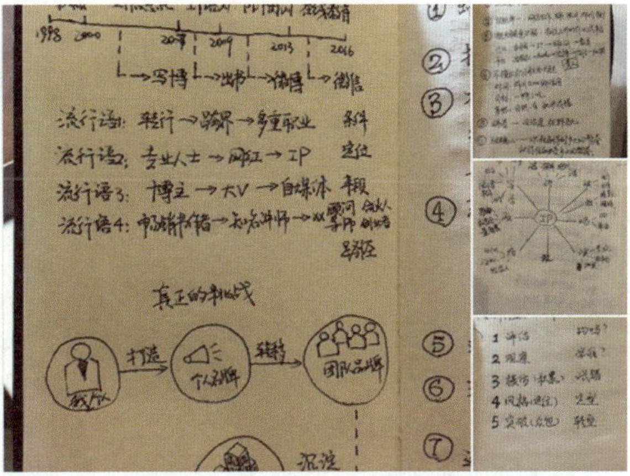

秋叶老师发了一条“我是如何做笔记的”微博

所以这种即时的大神反馈交流会让你学习成瘾。

3. 微信

微信的知识分两块：

（1）朋友圈

关注那些正能量的朋友，他们在创业，在学习什么，在转发他们参加的活动。

至于吃吃喝喝秀恩爱的，呵呵，我一般都取消关注了。

（2）微信公众号

公众号每天都有微信推送，所以你只需要关注你学习的知识领域就行了。

4. 搜索

知识浩如烟海，如何快速找到呢？当然使用搜索了。

下面我就讲讲常用的几个搜索位置：

百度，微博，知乎，豆瓣和简书

（1）百度

经常收到后台很多小伙伴的留言提问，但是很多都是直接可以百度就能知道的。

比如以下面文字开头的提问，

“（what）什么是……”

“（why）为什么……”

“（how）如何……”

“（where）哪里能找到……”

“（which）有哪些……”

这些都是百度可以知道的，什么不知道如何百度搜索？

请在百度搜索栏里输入关键字，如何使用百度引擎

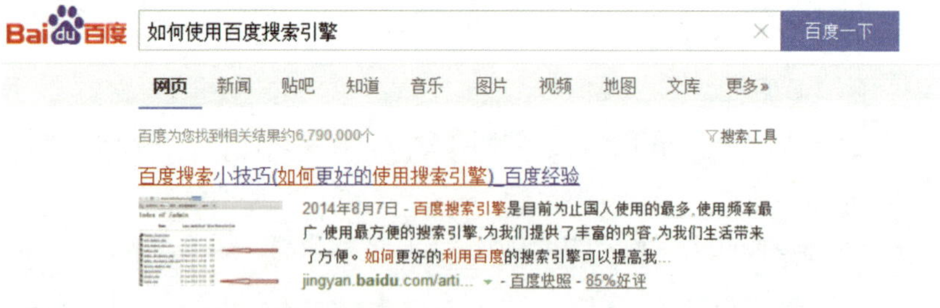

不要重复重复发明轮子，百度文库里面有各种格式的文章等着你去下载，这些文档比你从头到尾完成要快得多。

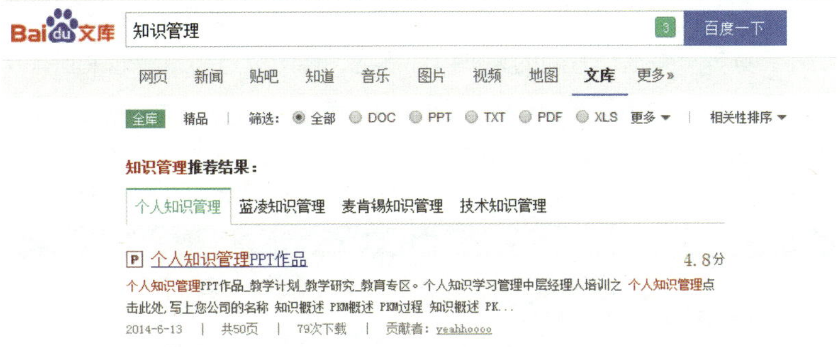

百度文库，先偷过来再说

（2）微博

如何想找到一个博主过去的一些关键词信息呢，微博也提供了关键词搜索的。

比如我想找萧秋水老师的知识管理方面的历史信息：

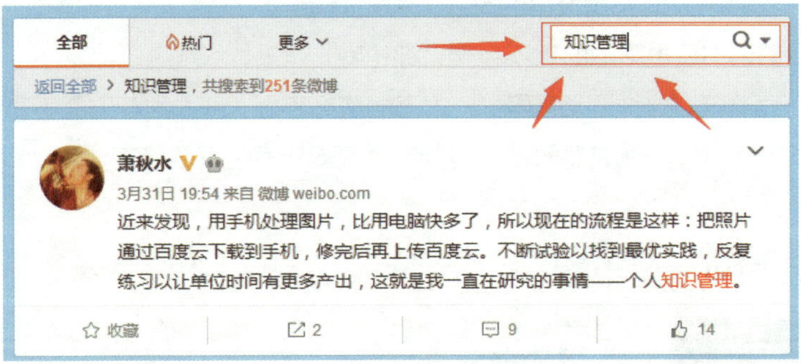

瞬间所有跟知识管理相关的文章和老师的历史信息都展现在我面前，是不是很方便？

（3）知乎

知乎的问答简直是个神一般的存在。

所以如果你有疑惑，好奇都可以在知乎提问，设定好主题方向，系统还会推荐一些这个方向的大神供你挑选，你可以点名邀请他来回答。

所以如果你能把自己的问题的来源，解释得详细一些，哪么会有很多大神很乐意来回答你的问题的。

截图来自知乎

（4）豆瓣

我们出去逛街找饭馆的时候，都知道使用大众点评来看评论，为什么我们读书看电影的时候不会搜索评论呢？

豆瓣就有这样的功能啊，一本书到底好不好，别人推荐的靠不靠谱，适不适合自己？你只需要花一两分钟在豆瓣检索一下就行了。

截图来自豆瓣

（5）简书

简书的文章包罗万象，就像是一个大广场，每个人都在发出自己的声音。

但是如果我们想寻找某一类的信息怎么办？

在首页进行搜索是一个不错的办法，比如我想搜一下知识管理相关的文章：

简书搜索专题

5. 云课堂

想要系列的学习一门课程，又担心找不到好老师，学费又贵？

线上的学习是一个很好的选择，和原来的只是下载个名校的讲课视频不同，云课堂结合了作业提交，社群互动的元素，你不在是一个人孤单地对着屏幕自学了，你会进入一个虚拟的班级，有很多人和你一起学。

截图来自网易云课堂

6. 社群

现在线下线上的社群很多，小六接触到的有拆书帮，行动派，趁早，十点读书会，业问，PMCAFF，职场充电宝，workface……

你关注的很多公众号都开始做社群，如果不知道有没有，方法很简单：

☆ 百度一下

☆ 互动吧（http://www.hdb.com/）里面检索一下你所在的城市有没有类似的学习型社群和活动

☆ 微信公众号后台留言："请问你们有社群吗？亲"

小结

SUMMARY

尼古拉斯·卡尔在他的《浅薄－互联网如何毒化了我们的大脑》一书中，提醒我们互联网时代正让我们很多人变得浅薄：我们只满足对一件事情的浅认知，也就是仅仅满足于"知道"，然后就没有然后了。

知识获取的渠道有这么多，有的是富矿，有的是碎片式的。有碎片就需要你细细的筛选，比如微博、微信和搜索；

也有成块的富矿：比如阅读，比如社群和云课堂。

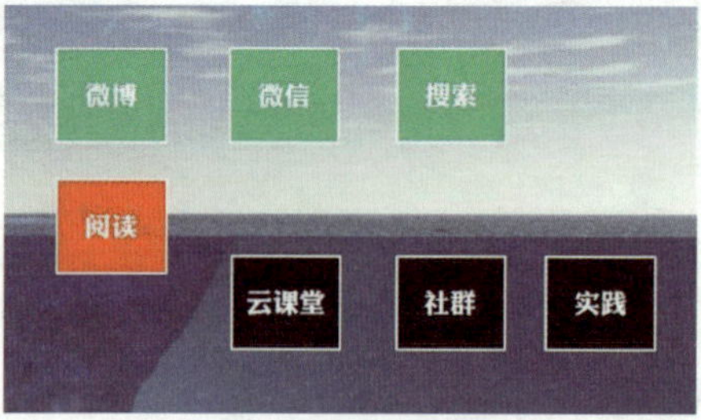

你会选择挖哪些呢？

职场时间，白骨精都在干嘛

职场高效能人士的第9个习惯

高效能人士“抱大腿”的正确姿势

暖光的编辑Anna问我，“六，会干活不会『抱大腿』：如何在职场生存？”

我想了想，说：“这样吧，我尝试边画图边回答你的问题好不好？”

1. 如何在组织中建立自己的专业地位

首先我们来聊聊什么叫会干活？

A. 以结果为导向： 交代一件事情给你，你把它办好了；再给你一件，你还能做好，这算是会干活；

B. 注重全过程：做事情有计划，过程透明，考虑风险周全，控制得当，事后有总结有回顾，也是就是我们常说的PDCA闭环，做得好就叫会干活；

如果我们总结A和B的共性，可以是以下3个标准：

01 积极主动
能积极主动去完成任务，主动扩大自己的影响圈；

02 要事第一
能区分任务的重要紧急；

03 以终为始
以目标为导向，并对过程能进行很好的 PDCA，将你的过程对组织可视化；

Anna：那为什么我们在做好自己本职工作以外还会想到”抱大腿”呢？

小 六：恩，问的好，让我们来画两个圈：

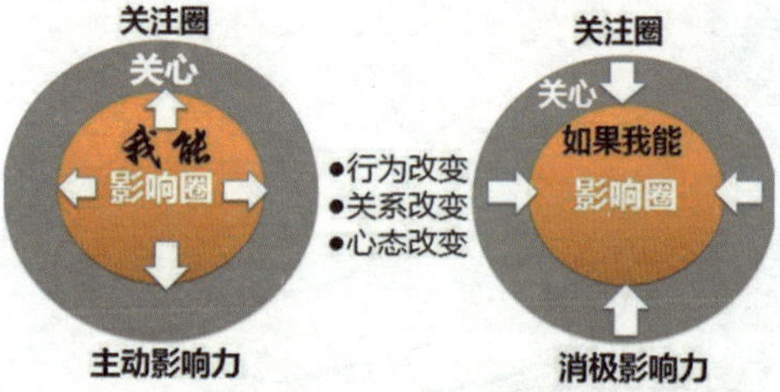

关注圈和影响圈

我来简单解释一下上面的两个圈：

关注圈：灰色部分的叫关注圈，我们每个人都会关注或者不关注一些事情

影响圈：黄色的部分；在关注圈中，有些事情可以被掌控，有些事情则超过了个人能力范围，前者被圈成了一个较小的“影响圈”，观察一个人的时间和精力集中在那个圈，就可以判断他是否积极主动。

会干活的人会专注于影响圈，他们专心做自己力所能及的事情，也会积极主动地去扩大自己的影响圈；

消极被动的人会关注“关注圈”，盯紧他人的弱点，环境问题已经超过个人能力范围的事情。

Anna：哦，原来如此，所以考虑“抱不抱大腿”完全取决于，到底我们关注的是哪个圈子咯？”

小 六：“可以这么理解，所以会干活的人会专注当下，来扩大自己的影响圈；而不是通过“抱大腿”的方式，因为抱谁，怎么抱，抱了有没有效果，完全取决于对方，能否达到效果也是未知，超过你的能力范围之外了。”

Anna：“所以专注去干活时可以直接控制的，而“抱大腿”这种事儿无法控制的咯？”

小 六：“对，而且对于组织来说，如果你还没有成为扛大梁的角色，“抱大腿”是没有用的。”

Anna：“什么意思？你是说，如果成为扛大梁的角色后，可以选择“抱大腿”？”

小 六：“对，不是“可以选择”，“而是应该”。这是我要讲到的第二个部分——”

2. 如何和组织（领导）建立双赢互利的关系

当你在组织中树立了自己的专业形象，证明你已经在组织中完成了独立。在这之后，你要考虑的就是如何在组织的公共领域取得成功了。

这时候同样有 3 个方面你可以去考虑：

（1）双赢思维

双赢的目的是分享更多的机会，我们的工作伙伴包括你和你的领导要从双赢的角度去思考，这种思维鼓励我们解决问题，并协助个人找到互利互惠的解决办法，是一种资讯、力量、认可和报酬的分享。这时候的“抱大腿”，让领导知道你能力，能为他所用，他也能提供你想要的东西。

（2）知己知彼

当我们舍弃回答的心态，改用了解心态去聆听别人的时候，就是开启了真正的沟通了。这时候的“抱大腿”，其实是一种双方的坦诚的相互了解，还有什么比尊重和认可很好的相处模式呢？

（3）综合效益

综合效益的意思是创造第三种选择，不是按照我的方式，也不是遵循你的方式，而是第三种远胜过个人远见的方法。个人的力量是团队的综合实力的基础，如果在团队中我们没有敌对的态度（1+1=0.5）；也不以妥协为目标（1+1=1.5），也不止步于合作（1+1=2），而是互相利用优点进行合作（1+1>2），这时候的“抱大腿”，是互相利用优势，领导充分发挥你的能力，你充分利用领导的资源。

所以在职场的第二个阶段，“抱大腿”是一种合作，而不是一种屈服和妥协。

Anna：“好像是的，如果这个时候我还不去“抱大腿”，反而显得和这个团队格格不入了”。

小 六：“对的，所以回到你一开始的问题：‘会干活不会”抱大腿”在职场如何生存？’，答案就很明显了，不是么？”

Anna：“嘿，确实明了。在成为独立的职场人之前，与其关注如何”“抱大腿”，不如专注自己的岗位和职责，不断扩大自己的影响圈；而在证明自己的能力之后，“抱大腿”是一种双赢互利的最佳选择，“抱团队”，“抱领导”都是建立在互信互惠的基础上的。”

小 六：“总结得很到位，就是这个意思咯。如果对今天我提到得这些观点感兴趣，你可以去看《高效能人士的 7 个习惯》和《高效能人士的第 8 个习惯》，今天我们探讨的几个要素就是其中的关键点。”

Anna：“哈，果不其然，又是书上‘偷’过来的呀，那“抱大腿”就算是高效能人士的第 9 个习惯咯？”

小 六：“哈哈，这个名字好！学以致用，读书就是要将书本中的知识和工作产生连接嘛。你试试拆书帮的 RIA 读书法就知道啦，今天就到这里咯 ~”

学会这 3 招，成为职场最性感的人

1. 关注感受，再去解决问题

如何学会一点『女性化思维』去面对这个世界。

在原始人部落时代，男人服务打猎，解决家族的温饱问题；要参加部落战争，保证自己家人的生命安全。几万年过去，男人的基因里还是流淌着为扛大梁的意识，出了问题我给你出主意，你有困难我来解决！

比如女生跟你抱怨自己的工作和生活，跟你吐槽她的遭遇的时候，男人一听肯定立马想做救世主。

> 女生说感冒了，你就说那赶紧吃药，喝开水
>
> 女生说工作不顺利，你就说那别做了吧，我养你
>
> 女生说你不爱我了，你就说我怎么就不爱你 ?! 我为了你 BALABALA

喝你妹的开水

请注意，女生在表达的时候，更多的是表达她的感受，而不是在请求你的帮助！

所以交流的过程中你更多需要关注的是对方的感受，而不是立马就提出针对性的解决方案。

> 女生说感冒了，你就说哎呦，我很担心你，我请个假去看你吧
>
> 女生说工作不顺利，你们那个同事是不是神经病啊，这么烦人……
>
> 女生说你不爱我了，哎呀，最近也没多陪陪你，我这个男朋友很不称职啊！

工作中不也是这样的。

“你们 IT 部门周末的服务电话怎么老是没人接啊！”

（先关注对方的感受）“是嘛？太不像话了！周六周日你们出货都很

多的啊，这怎么行……”

站在他的立场再骂自己一遍，然后他就会告诉你，为什么他们会为这件事情着急。

所以你看，沟通的过程中，女性化的思维方式总是能缓解很多暴力沟通的发生，需要我们经常去应用。一方面，关注对方的感受，能让我们更好地和对方沟通，最终达到解决的目的；而另一方面，关注自己的感受，也会让我们能够更清楚地看待自己的年度计划，职业的选择：我真的喜欢么？我想去做么？……

“娘”一点，沟通就顺畅很多。

2. 关注当下，做好现在，未来自然来

@魔鬼咨询师阮琦的《魔鬼搭讪学》里面提到一个搭讪的问答案例，说的是如果你在大街上搭讪一个女生，下面对方做出的两种方式，哪种最有机会：

☆ 你是谁呀？

☆ 你为什么要认识我呀？我为什么要认识你啊？

☆ 哎呦，你吓我一跳！

@魔鬼咨询师阮琦给出的答案是：最后一个最有戏。

第一个回答，“你是谁呀？”这是指向过去，这时候说明对方已经建立了心理防线，所以你说声抱歉，打扰了就可以撤了。

第二个回答“你为什么要认识我呀？”指向的是未来，她希望你给出理由，所以这时候就需要很高的技巧来回答了。

最后一种回答“哎呦，你吓我一跳”，指向的是当下她的感受，说，

他看到你之后，对你并没有太多的戒备。

为什么要聊这个例子呢，是因为，我想告诉你的是女性化思维是关注当下的，而关注当下这恰恰是我们在新的一年好好琢磨的一件事情。

这不年底了么，马上很多人就会在做来年的计划，我要这个，我要达成那个，我要用在年底前怎么怎么样。关注未来是没错，但是关注未来确是我们人类最不擅长的。现在社会的信息量是以指数在增长的，我们根本搞不清楚接下来半年会发生什么情况，更别提未来三年五年了。

做好当下，机会自来

举个例子来说，小六是在 9 月份才开始认真地尝试写点东西的，那是因为被媳妇关了“禁闭”，不能出门才想到写文章和大家交流。结果一下子就找到了一条挣猫粮的途径。而这个过程，在我的 2015 年的年度计划里根本就没出现过。

你看，我作为一个处女座 A 型血的理科男，都没有办法让我的年度计划执行，你回头翻翻你的 2015 年年度计划（如果有的话），和你

2016 年的和你的年终总结做一下比较，你会发现完全不对嘛。

这就是我要说的第二点，女性思维的优势，关注当下的，立足当下，抓住任何你可以抓住的机会。

根据吸引力法则，你甚至根本就不需要可以去寻找机会，专注做好你当下的工作和事情，很多东西就会自然被你吸引过来了。

3. 关注连接，用多样的技能面对缤纷的世界

熟悉小六的朋友一定都知道，2015 年年底这几个月小六的社群生活就是在干一件事：在和小伙伴们一起进行阅读能力的训练。

有人就说，你的什么快速阅读，主题阅读，弄个番茄钟，甘特图打卡什么的，把读书这么美好的一件事情搞得那么功利，读书还有意思么？

哎，我哪里是在倡导什么功利性阅读，我这是在让大家了解更多的阅读方法而已啊。

这就像我们家里的厨房一样，就一把菜刀，一个铁锅，家常菜也就是鱼香肉丝，弗兰小炒肉什么的。但是你看看做西餐的朋友，不同的食材用不同的刀具，不同的锅、电磁炉、燃气灶、烤箱、空气炸锅……这种西餐式的生活不就是互联网时代的现状么？

女孩子们就不像我们这样，她们用的每一件东西都会有很多款式，因为她们懂得什么时候该用哪款，可以怎么搭配其他的物件。所以阅读也是这个道理，任何一本书你都从头翻到尾，精读一两遍，抄满满的读书笔记。我开玩笑地讲，一个男人如果对所有女人都好，那就是一个暖男啊。

所以你不仅是要会精读，还要学会快速阅读，学会主题阅读，甚至有时候学会直接把书扔掉。学习阅读能力，就像是学习不同刀具的用法，你现在是在一个西餐厅里做厨师，如果你不学会，就只有去做配菜的份

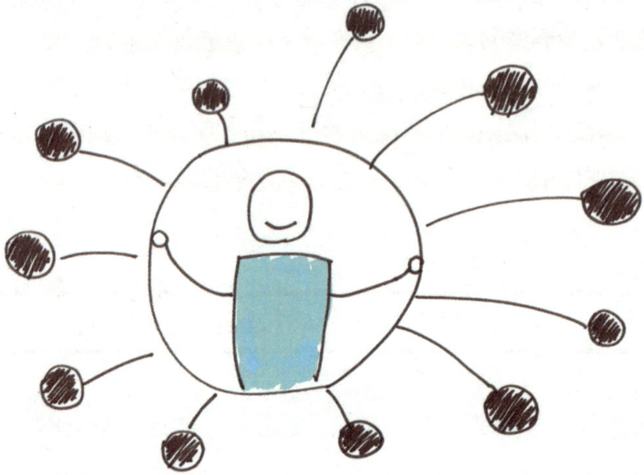

关注连接

了啊。

所以，这是我们要讲的第三点，学习女性化思维，用多样的选择面对缤纷的世界，只有这样你才能和这时代建立起丰富的连接；才能知道你自己到底适合什么，擅长什么，喜欢什么啊。

4. 小建议

学习是每个人都应该去做的事情，跳出自己的舒适区，去学习区里挑战自己吧。

所以学一点女性化思维。

一个高效的学习者手机里面装有哪些APP

做为一个学习者，手机会成为一个追求高效率的工具。今天我们就扒掉小六的外衣，看看这个一直叫嚣追求高效的学习者，他的手机里都装了哪些APP。

注明：请以下露脸的APP的公关们看到自己家的APP都给我打5块钱，谢谢。

1、录音软件 -Recordium

参加活动，如果不想错过活动现场的精彩片段，速记又来不及，那就选择录音吧。

小六之前都使用录音笔，但是自从有了这个APP之后，在开会，活动现场都会使用这个软件进行录制。一个小时100MB的容量，绝对是录音界的良心了。

录制的时候，记得让手机进入飞行模式哦，否则一旦有电话打进来，录音就终止了。

录完之后，可以通过WiFi，将音频导出，然后在电脑上用”格式工厂”转化格式变成MP3，体积再次压缩成1/5。

最后用来存档，或者分享，即使放到云空间，一个小时记录形成20多兆的MP3文件，也丝毫不占地方。

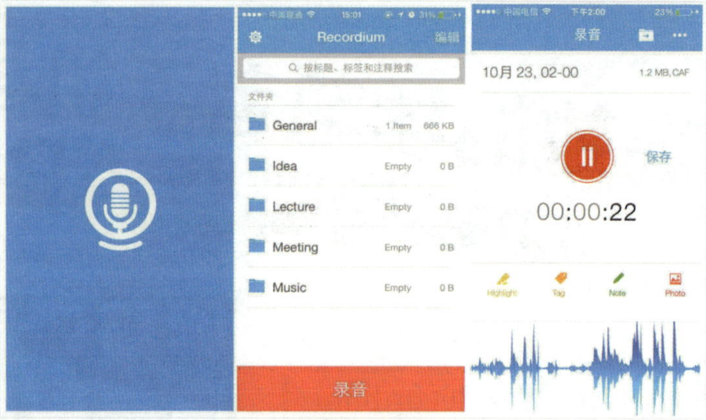

录音神器

2、事务管理 - 奇妙清单

想尝试时间管理，先管理好自己的事务清单吧。

我们到底有多少事情要做？哪些是重要的？一大早吃青蛙，从哪里开始吃？

这个 APP 就可以帮我们搞定了。

一个好的代办清单，有 3 个基本要素：

奇妙清单是在微博看到 @ 曹将 PPTao 的推荐之后开始使用的。

市面上当然还有其他的 TODOlist 类型的 APP，相对而言，奇妙清单适合入门学者，清晰地管理自己的事务，还可以和 PC 端随时进行同步。

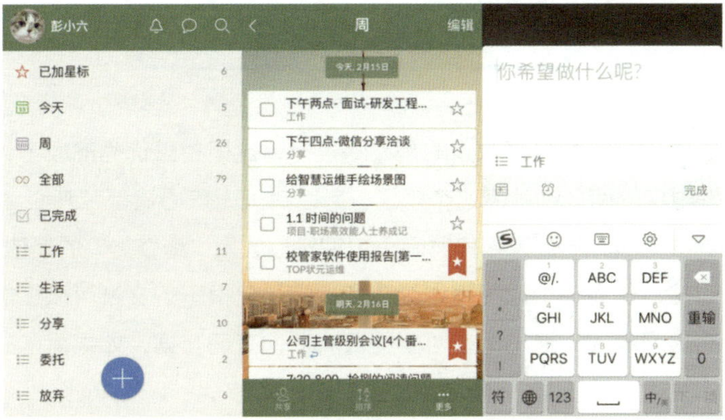

奇妙清单

3、财务管理－口袋记账

还是基于简单实用的原则，口袋记账取代了我原先的随手记，成为我的“新宠”。

学习财务管理的第一步，是掌握自己的开销，知道钱都花在哪里了，每个月哪些是固定开销，哪些是我们的冲动消费。

如果你和小六一样是个理财小白，不如先开始学习记账吧。

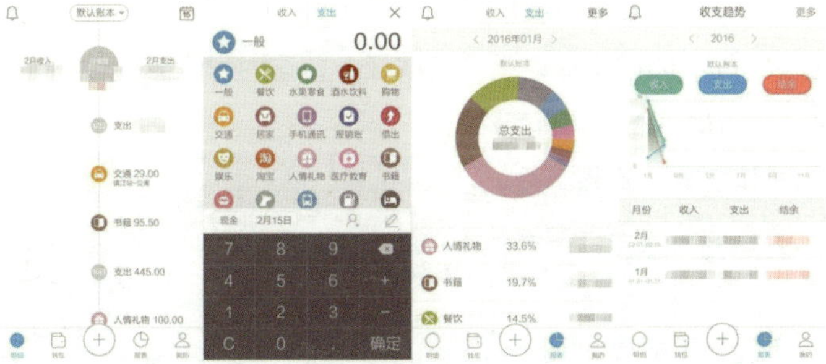

口袋记账

切，我怎么会公开我的账本。

4、碎片阅读－知乎日报

知乎日报的我最喜欢看的是“瞎扯”，这里有最优秀的段子，每天上班等电梯的两分钟就靠这个乐了，所以每天上班心情都贼开心。

其次排队，吃饭等零碎时间，知乎日报成为“涨姿势”的最佳读物。

当然，作为一个练习写作的孩子，知乎日报里的文章可以提供一种很好的学习范式，就是写东西要逻辑清晰，有理有据，如果再能有趣一点点，就更完美了。

5、同步学习－喜马拉雅 FM

什么时候可以一心两用？比如做体力活的时候还可以做点什么？

01 洗澡

02 整理家务

03 做饭

这些时间，你都是靠动手在完成任务；这时候大脑就闲着了，就可以打开一个 FM 来听音频节目呀。

☆ 罗振宇的《罗辑思维》

☆ 梁文道的《一千零一夜》

☆ 许知远的《单读》

☆ 还有郭德纲的相声……

每天睡觉前设置定时关闭，听着郭德纲的相声入睡，我会乱说？

6、运动健身 -Keep

每天早上起来的运动就是使用 Keep 的晨间 7 分钟热身了。

跟着视频一个一个做，等次打次等次打次 ~ 跟着教练一点都不累。

下雨天去不了健身房，HIIT 或者腹肌撕裂，跟着做就行，累成狗之后，拍一张照片，修一下肌肉，健康的人生才有信心嘛。

另外要多嘴一句，keep 有全中国身材最好的一群运动达人，ヽ(╯▽╰)ノ，看看就励志啊。

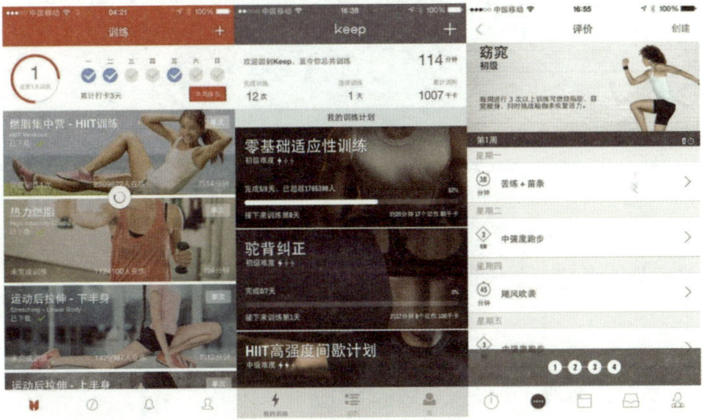

Keep

来，健康的人才自信。

7、保持专注 -Forest

番茄钟时间管理工作法就是让你在 25 分钟保持专注。如果被打断去做别的事，番茄钟就作废。

Forest 实现了这个功能，并且把这个过程游戏化了。

每次开启一个 25 分钟的专注时间，你就开始种一棵树，如果这个过程中你去碰手机，这个树就枯死。

不断种树之后，会得到相应的积分奖励，并能利用积分购买真实的树苗，为水土流失严重的地区进行捐助。（喂，请为你们的盈利模式是怎样的？）

Forest

来，建造一座森林吧！

内在动因外在动因都有了，你要不要来试试？

8、早起醒脑－得到

得到的定位是“药妆店”：

☆ 药是有干货，能滋补

☆ 妆是有内涵，有气场，里面的知识都能成为谈资

☆ 店就是有东西卖，十几万字的商业书被精读成几万字的干货版读物。

小六没在店里买东西，却每天早上起床后，使用它来补妆。早上起来，睡意朦胧的时候，有个有趣有意思的音频来刺激大脑最合适不过。

提神醒脑 - 得到

9、无纸化办公 - 扫描全能王

别再留着一堆纸质的文档，把它们都扫描成电子档吧？

怎么？没有扫描仪，装一个 APP 就好了呀。

不用担心拍得没有对齐，APP 自动回帮你切角提亮。

小六的文章里的手绘图，都是先在纸上画好，然后用这个 APP 扫描成图片，然后再放到文章里的。

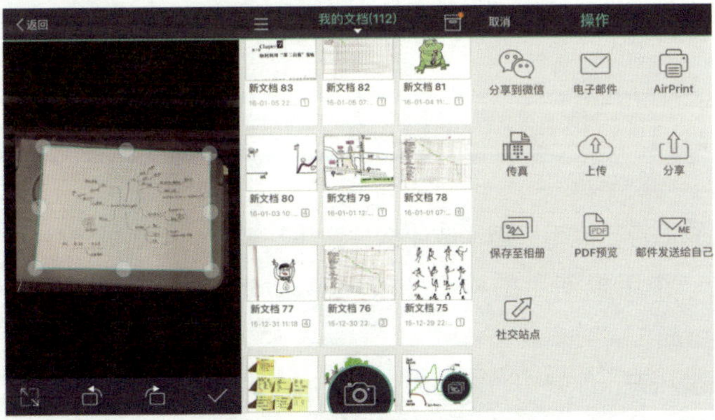

扫描全能王

无纸化办公一步搞定。

10、参加社群分享 - 红点直播

网络上有很多微信群做分享，但是一次语言只有 50 秒真的很不方便啊。

红点是在线分享的一个很好的工具，你把 PPT 用 Nordri Tools 导成一张张图片，然后就可以在红点中边翻图片边讲解了。

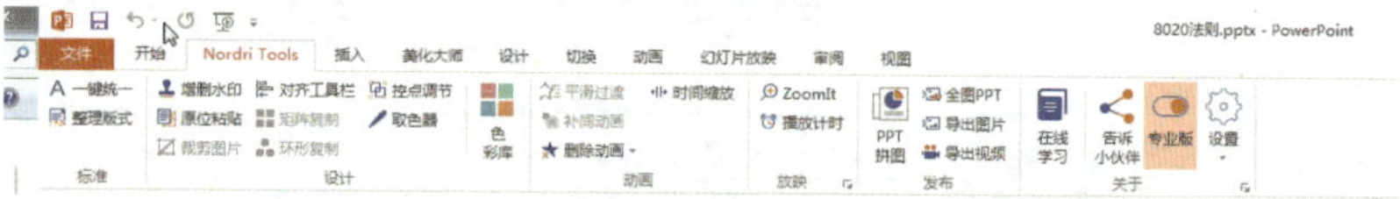

红点直播

把 PPT 用 Nordri Tools 导成一张张图片

分享完成，会自动帮你保存成音频文件，然后就可以直接转发链接进行分享了。

十点读书会，行动派太空舱都是基于红点在做在线分享的。

没有机会参加线下活动的小伙伴，可以在红点收听他们的往期活动。

11、你凭什么说自己是手机控？ -Moment

想知道自己刷手机都刷成什么“德性”了？

装一个手机使用的检测 APP 吧，Android 有好多，IOS 我用的 Moment。

记录几天，你就知道自己病得有多厉害了。

设置每天手机的使用上限：比如每天使用不能超过 12 小时，超过

了之后会怎样呢？你自己试试就知道了

Moment

2 月 14 晚上还在刷手机是怎么回事？！

12、时间记录工具 -aTimeLogger2

时间记录工具 -aTimeLogger2

如果你要尝试做时间管理，你第一步要做的就是记录自己的时间。

用一个电子表格的方式来记录自己的时间开销简直 LOW 爆了，记得我们的效率原则吗？就是随时随地记录 + 简单方便。

不要使用太长时间，7 天就足够了。

先了解自己时间上的问题，才能对症下药，学习时间管理不是？

你的时间统计都没做，做个毛线时间管理。

13、写字神器 - 简书

你怎么知道自己知道呢？尝试写出来，并进行分享，听听大家的看法吧。

如果你去过豆瓣或者其他社区写点东西，你就知道小六为什么这么喜欢简书了。

你可以选择富文本或者 markdown 格式来进行写字；即使手机屏幕是 4 寸的，也能很流畅的进行文章的撰写、编辑、发布。

对，这就是最好的写字空间了，没有之一。

简书是每一个想写字的人的圣地。

简书

14、知识管理工具－印象笔记

还记得知识管理的步骤么？

收集、整理、分享、利用、创新。小六使用印象笔记来构建自己的知识管理体系。

手机端进行随时随地的收集，可以随手拍，还可以随手保存朋友圈里的精彩文章。

和 PC 端保持同步，让碎片信息都分类汇总起来。

使用印象笔记做知识管理：

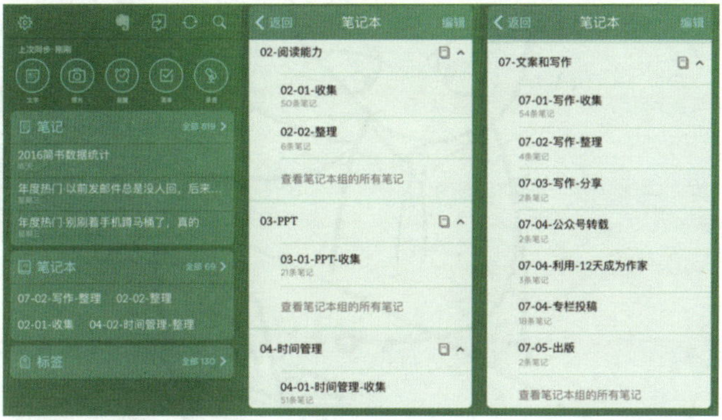

印象笔记

最 后

欲善其事，必先利其器。

好的工具会让我事半功倍，小六挑选工具的原则无非就是前面一直强调的几点：

☆ 随时随地　　☆ 方便简洁　　☆ 尽量和 PC 端同步

有人说看一部手机里面装了些什么，就知道手机的主人是什么性格，你的手机里面装了什么呢？

我不是让你加班，我是让你提升自己的核心竞争力

到底要不要加班

大学时代实习的时候，在电脑城做技术维修，学习把一堆零散的硬件组装成电脑，然后装系统。那时候是大学生人人都要配置台式机的时代，我经常要和师傅们忙到很晚，然后每天结束前还要开会交流今天遇到哪些“疑难杂症”。那时候没有加班的概念，觉得好“牛逼”，好想

快点成为他们那样的人。

毕业后第一份工作，在一家核高基（核心电子器件、高端通用芯片及基础软件产品）的软件研究所里，公司要求必须每周20小时加班工时，没有加班费。那时也不觉得有啥，因为要学很多有用的东西。同一批的小伙伴甚至还建立了加班排行榜，暗地里比拼。

第一次跳槽后从事地铁的系统集成行业，虽然不用强制加班，但领导总会建议我们留在公司学习，白天设备都被占用，晚上可以用这些环境进行练习。所以也会经常留下来，因为我知道我需要更多时间熟悉这些设备和环境。（好吧，因为没有女朋友，闲的）

无锡东站那时候还是我们手上的一个模型

再后来做了 IT 培训师，算是第一次转型，如何快速进入一个新的领域？只有利用 8 小时之外的时间，我用半年时间成为分公司课时第一名，最后连公司的开门关门都归我管了。我选择加班，是因为前面高手如云，我只有用最笨的办法，双倍工作量去锻炼我的技能。

要教人一瓢，你得有一桶

在北京的经历就不提了，帝都的 IT 有不加班的么？办公室人手一个躺椅一套被子，我不说了……

北京，加班有什么好说的

现在，我停留在一个小城市，一家制造业公司，有了自己的团队，公司没有加班的硬性要求，我也尽量把工作任务按照工作日时间布置。特殊紧急的事算加班调休。我这时候应该不需要加班了吧？确实没有了，但在 8 小时以后，嗯，这个方法用到团队建设不错，嗯，这个系统老板应该会感兴趣……我成了 24 小时全天候的加班狗。

做产品的那段时间，是 24 小时在上面的，哪分什么休息日工作日？

这就是我对于加班的个人经历了。你会发现除了毕业后第一份正式工作，后面没有人要求我加班。我之所以自己留在公司，甚至在家里也处理公司的事情，不是因为我的日程混乱，工作效率低，相反，我选择将我的工作效率提上去，这样我才有时间做更多的事。对，让老板超预期，知道我不止是岗位职责说明书上的那么牛。

工作和生活应该划分清楚了么

所以，我的个人观点是：

1

任何事情都是你自己的选择。一万小时专家理论也好，拖延也好，到点下班，工作生活区分开也好，这些都是你的选择。

2

互联网时代的到来，让信息的更新再次提速，你需要快速地去适应，需要投入更多的时间。8 小时之外，决定了你成为什么样的人。

3

我不提倡加班，我提倡你在 8 小时之外构建自己的核心竞争力。“上班”已经没有时间和空间限制。在家办公和公司上班越来越模糊了。

这是互联网时代，也是一个契约时代，你的付出只可能和你的价值成正比，如果公司付给你的钱是标价买你的 8 小时的工作产出，那你靠什么来让老板多付钱呢？

工作中你不会的你以为创业就会了？

我要创业

先抛观点：别整天风口啊，猪啊，风投啊，与其好高骛远，为什么不看看工作岗位上有没有创业的机会？

1. 第一次创业组建团队服务一家公司

到了这家公司的时候，我发现只有我和另外一位前端开发，领导给我招了四个应届毕业生，然后说，行不行？

我想了想，说行。（我现在就想骂你小子 TM 当时哪来的勇气！）

我的任务是在 3 个月内将老的生产管理系统进行替换，还要保证不能影响生产的正常运行。

那时候还不知道什么是创业，互联网全民参与的风潮也还没有吹起，更别说在这个小城市。而我只是一个只有五六年工作经验的程序员，而且还是北漂内伤下火线的“残员”。

于是我们这个五人团队就组建起来了，我们没有在办公地点做开发，就在公司附近的宿舍里研究老系统，开始重写整套系统。

在公司附近的宿舍里研究老系统

2. 第二次创业消费电子产品

因为是半导体行业，一次分公司的老总找到我说，他的客户有一款板子在国外卖得很好，类似于谷歌 chrome 电视棒一样，问我有没有兴趣一起基于这套芯片方案，在国内做一款消费电子产品。

——“你给我多少人？”

——“没有。”

我想了想，说行。（我现在就想骂，你小子 TM 当时哪来的勇气！）

产品经理，那是我第一次有的一个头衔。好牛的样子。

我经历的做产品是一个什么样的过程呢？

我从拿到一块电路板，之后找 ID 工业设计 MD 模型设计，然后找厂家出模具、组装、调试，包装；组建营销团队，建立门户、微博、微信平台、淘宝店铺；再到众筹，百度搜索优化，文案、广告……

对，如果你做过产品，你一定会说，这里面每一项都是一个专业的工作，好么！

对，更傻的是我们再用瀑布式的产品开发模式。

第二次创业

3. 第三次创业车后市场 O2O

有一天忽然被大 BOSS 叫到了办公室，同在的还有总经理秘书和他的司机。

“我这有一个车后市场的想法，我给大家讲讲…… ”

于是我们三个外行开始了车后市场的创业，商业 BP，需求调研，APP 原型……一头扎进去，加班忙得不亦乐乎。

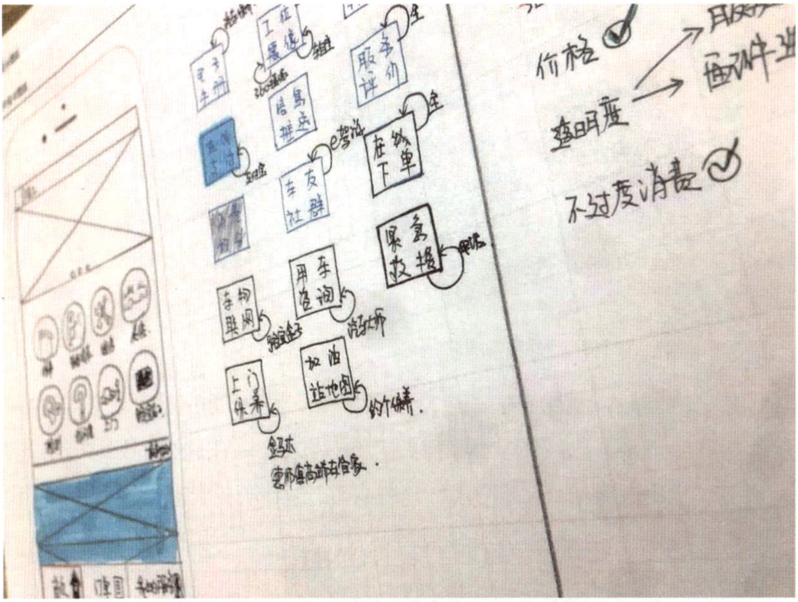

第三次创业

对，就是这样的，没有什么准备，就开始了。

4. 我到底想要说什么？

第一次创业，我从一个技术开发，变成了一个团队教练，学会了和用户直接谈需求，项目管理，团队绩效。如果问我创业公司怎么去组团队，我想公司让我具备了“组团打怪”的经验。

第二次创业，我熟悉了一个消费电子产品的整个过程，从一个IDEA到包装好的产品，这里面的每一个环节的专业性都让我崇拜。而在那个构成中我把所有做产品的书都看了一遍。我发现我能看懂商业类书籍了，一个技术人员开始关注营销，那是我的另一个改变。

第一次创业的产品宣传图片

第三次创业，我熟悉了一个全新的领域，更重要的是，我开始学习移动端产品开发，这两年我学习到的互联网思维，在这个项目中全部实践起来了。用户流量，消费情景，精益模式，我听的路演很少，所以我只能看到我看到的，理解我能理解的。

5. 我要说的是

我很欣赏那些离职创业的大神们，我因为自己的经历，反而对他们产生更大的敬意。

其实我这篇文章是想对还在职场里面的伙伴们说：

你的工作就是一种创业，你的每一个任务，都是在做产品。你的老板就是你的天使投资，每一次项目都是你锻炼自己创业技能的机会。

我从来都对全民创业保持一种保守的态度，我的经历告诉我，创业需要你全身心 24*7 全天候的投入，你甚至要投入你娶媳妇的钱。你面对的绝不是“付出就有回报”，而是别人比你可能有更多的资源，更多的付出，你竭尽全力做出的产品可能无人问津。

那些，朝九晚五到点下班的伙伴们，你确定因为想到一个点子就去创业么？你准备好了么？为什么我们不能把工作中的机会当做一次创业，一次产品磨练的机会呢？

别说走就走，跳槽前你应该问自己的两个问题

又到年底，很多小伙伴可能按耐不住，准备年后跳槽了。

可是跳槽意味着，你要跳出自己的舒适圈，重新开始；当然跳槽也意味着你面对新的机会和更有吸引力的收入。

我们在跳槽这件事情上纠结，也正式因为拿着 SWOT（优势劣势）矩阵进行分析，然后陷入僵局。那么，有没有简单的思路分析能解决我们这个问题呢？

先来看看下面这两个问题：

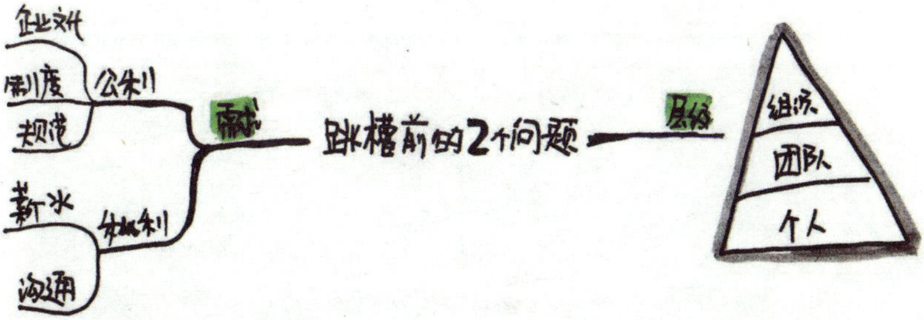

A1: 你是职场的哪个层级?

下图是小六公司的职场规划阶梯图：

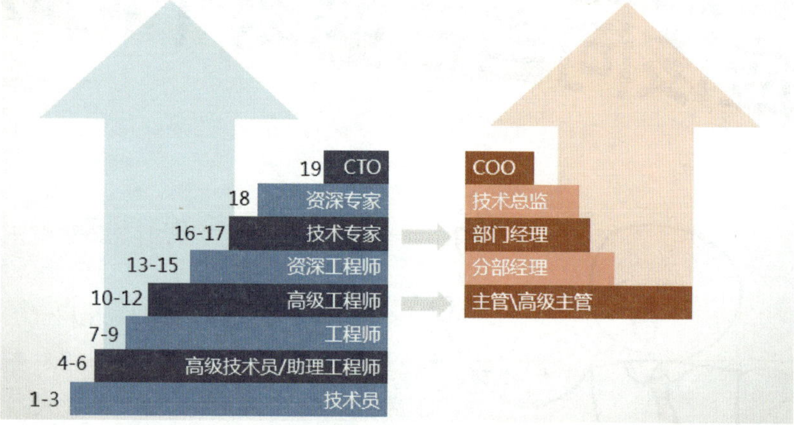

员工职业生涯规划

但是实际上我们可以把它变得更加简单些，把它简化成最简单的三个阶段：

1

优秀个人管理

如果是个人管理，意味着你在追求的是个人的高效率。围绕这个人管理，你在工作中学习金字塔原理来做汇报、做 PPT 和写邮件，你用时间管理来让自己在工作时间关注重要的事情，保持专注。

2

高效团队管理

如果你是团队管理，你在追求团队的成果。你知道团队每一个人的优点和缺点，知道什么事情谁适合做，你学习如何带领团队承接公司安排的项目任务，并在做任务的过程中争取一切对团队有利的资源，任务完成后，你整理工作绩效，组织根据你的过程记录对参与的成员论功行赏。

3

卓越组织管理

如果是组织管理，意味着你能很好的领悟公司的战略决策，并能提前为这些战略进行基础建设，人才培养，流程建设，资源配备……你会提前储备这些东西，在公司发展的前进道路上等着。

请注意，这三个阶段，并没有我们常说的工作年限，即使是在小六的半导体行业，年纪轻轻就成为总监的，管理几百号人也是常有的事儿，更别提互联网公司的 90 后大神们了。

所以，第一个问题是，你属于三个层级的哪个？

A2: 跳槽属于公利需求还是私利需求？

私利意味着是从你自身出发产生的需求：

比如和上司相处不好，
和同事没法沟通，
干得不开心……

公利意味着是你从公司的角度出发，产生的需求：

比如工作任务太重，
工资水平低，
经常需要加班，
企业文化太狼性竞争太激烈，
制度不完善，
公司任人唯亲，拉帮结派……

如果是公利需求，一般很难解决。我们说公司是一个组织，组织的文化只可能去适应，但很难被改变。这种情况下，你可以向你的上司提出你的疑惑，但是不要期待有解决的结果。那为什么还有提？注意，我说的是提出疑惑，这是一种学习的心态；如果你向上司抱怨加班太多，公司制度不完善，你最好附带上着建议和方案。

拿薪资水平来说，一家公司的薪资水平是有一个标准参考的，比如工作三年工作经验，薪资就是 6K 一个月，虽然会根据你的能力进行小范围浮动，但是绝不可能给你开 1W，因为 HR 做不到，她也没有办法向老板解释。

多一些建议，少一些批判，这是一个专业职场人士应该学会的专业态度。

那如果是私利需求呢，这时候你就可以在自己身上找找原因了。

因为这些私利需要如果现在不解决，你进入到任何一家公司都会重新面对这样的问题，甚至还会更严重。这个时候如果你跳槽，意味着其实是问题的逃避。

你会说，“我找了一圈，不是我的问题，就是我的领导和同事都很差劲，我实在受不了和这些人一起工作！”

如果你找不到自己的任何问题，这才是你的最大问题。

这时候如果能和上司或者同事谈一下自己的现状，是一个很好的学习改进的机会。可惜我们很多人直接放弃了这个过程，用跳槽来省略这个步骤，于是可以预见，下一份工作还是会遇到这些问题。

小孩子看对错，大人才看利弊，在跳槽前用两个问题对自己的决策进行判断之后，这时候你再用 SWOT 进行优势劣势的分析就很有谱了。

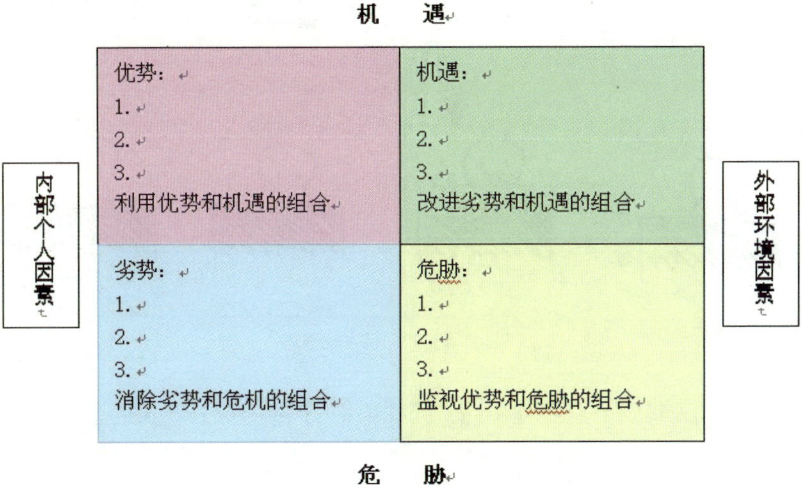

SWOT 分析

比较的无非就是机会成本和收益的过程。

如果我不跳槽我会得到什么？那如果我跳槽了呢，我能得到什么？

两者权衡，利弊立即体现出来了。

我们什么时候才能当上领导

不是主管，如何带人成事儿

前几天集团老总找我谈话，问如果把 IT 部门拆分成独立子公司，有没有信心做?

我想了一下说，“我没干过，但是如果让我做，我有信心！”

1. 你关注过你的领导在干嘛么?

2012 年的时候，我还是一个程序员。

那时候公司接了一个项目，是一家银行的业务系统，我们一个团队就被派遣到了这家银行的北京总部现场开发。因为项目周期长达 1 年，所以在系统第一个版本上线之后，项目经理就撤回老家陪老婆孩子了，只留下我们几个程序员来继续留守做开发。

头儿一走，原来只需要做埋头开发的我们，一下子就有点儿乱了阵脚。虽然项目经理还是可以远程进行项目协调和沟通，但是因为涉及金融系统的实时性响应，客户进行会有很多问题需要及时处理和反馈。那种接到需求之后，先报告项目经理，再让项目经理决策，然后给我们下达行动任务的方式就开始行不通了。

项目经理不在怎么办？

这时候，没办法，硬着头想，实在没人来担当这个苦逼的角色，那我来呗；于是开始慢慢向项目经理学习如何和客户进行沟通，如何和程序员兄弟们一起想办法解决需求上的问题。

如何组织大家开周例会，写会议纪要，写进度报告

如何和测试人员配合做好测试进度跟踪和汇报

如何定期组织团队一起吃饭活动

……就觉得这些事儿总归得有人做，没人做，我就做咯～

没有人负责的时候，我年纪最大，我来负责

后来项目结束，我也撤回到江苏，回到公司，有一次喝酒我跟领导抱怨说，这个项目我算是亏了，我一个程序员干了一堆项目经理的活儿，还没加工资。

我的领导当时给我讲了一句我至今都让我难以忘记的话："没有人为事负责的时候，你来负责，不管有没有给你头衔，你都是领导"。

我没有想到这句话会改变我后来做事的方式。也是在那个时候，我开始在自己的技能书上，添加了一句项目管理和沟通能力。

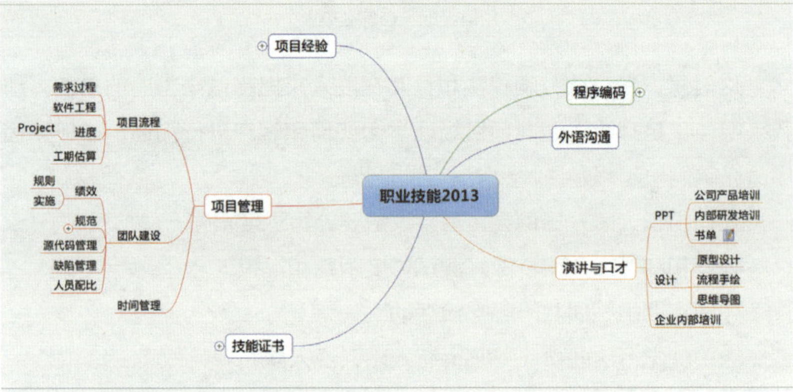

学习项目管理和沟通能力

2. 年轻气盛体力好，你拼过了么？

后来跳槽到现在这家半导体企业，因为公司刚成立没多久，关于整个厂区的生产监控系统的研发，就 3 个程序员（包括我在内），也没有部门。三个人就围着一个外包公司做了三个月扔下的“烂尾楼“工作开始进行维护。

是继续在这个烂尾上做运维，还是重新开发？即使是个烂尾，功能还是勉强能用啊，扔掉是不是太可惜？如果继续做，代码全部重新写，代价是不是太高？

在宿舍里面做开发

“给我三个月！我们来重做！”当我们对整个系统，每个功能都进行分析之后，我提出了这个想法。

You can you up，你行你来啊！于是我们一边维护老系统，一边进行全新的项目开发。

重新做一个项目，就得有计划，有任务分配，有风险，有里程碑；和写代码完全不一样的东西就都来了，不懂就学啊。没人教，看书啊，于是我自掏腰包把市面上能买过来的，有关项目管理的书籍都买过来读了一遍，遇到好的方法，就在小组里面商量：

“你看，我们一直被业务部门的需求撵着跑，我们做了多少，还有多少，优先级啥的不清楚，咱们是不是可以用这个方法……”

“开会的时候，每日立会（站立会议）会不会效率更高？”

“有了这个责任矩阵，咱们再也不用担心找不到责任人和忘记需要通知谁了，对不对？~”

最后项目顺利提前上线，完成老系统的替换。很难想象两三个人，床就放在电脑桌旁，醒了就写代码，困了就眯会，不分白天黑夜假日双休，就在一个3线的小城市“抄”出了一个全新的系统。

后来因为公司扩张，系统维护人员由3人变成8人，公司要成立IT部门，我就自然成了部门主管。

3. 产品经理不是头衔，是你负责的事儿

再后来分公司有一个“HIFI音乐电子产品”要做，虽然也属于电子类，但是整个公司没有人会这个，我也不会，但是我觉得做产品时一个机会，就主动请求去做。从一块电路板到做工业设计、工业设计、到模具生产，到营销策略，销售客服，甚至连淘宝组织刷单我都干过。

锤子手机发布的时候，说他们驻扎在工厂里面进行跟单生产手机壳

做产品开始学习营销和渠道

料的时候，我也是在饱含热泪地回想，老子甚至是自己动手帮着师父出壳料，印 LOGO 的啊！

虽然因为经验不成熟，使用了传统工业的产品思维，最后也有因为能力不够导致产品失败。但我熟悉了一个电子类产品的整个生命周期，也在这个阶段阅读了大量的产品类书籍，学以致用，也是在最后关头壮士断腕，果断杀死产品，解散团队。这个过程没有人教我怎么做，也没有给我产品经理的头衔或者印个什么名片。

产品经理不是头衔，是你负责的事情。

那段时间累了就背诵的一段古文："……天将降大任于斯人，必先苦其心志，劳其筋骨，饿其体肤，行弗乱其所为，所以动心忍性，增益其所不能……"

4. 年轻本来就一无所有，你怕什么？

前几天写了一篇文章，讲我每天四点钟起床，坚持了半年，就当主管的事儿。虽然标题有点吹牛，但是却也是事实。很多小伙伴回复说，哎呀，会不会早死呀，要有工作也要有生活呀，根本起不来啊，做不到啊……

我一般都会回复说："你喜欢就好咯～"

这个时代最美好的就是，没有人强迫你一定要过别人那样的生活，每个人都会选择适合自己的生活方式。

也有小伙伴问我，程序员做了段时间，觉得不适合，想做产品，我也是千篇一律的回复："不喜欢就换，喜欢就好"；不用怕，你站在什么位置，就会关注什么，就会看到什么。

写这篇文章，并不是说程序员一直做不好，也没有想过拿自己这些破事儿嘚瑟；只是想给那些一直想改变自己现状，又没有什么行动的小伙伴提一些建议和参考：当一个团队还没有人能站出来承担责任时，你会不会选择站出来呢？

回到文章的开头，我的那句回答——为什么我敢？不是我能耐大，也不是我追逐名利，而是是因为当下组织没人能担当，我就上。年轻的时候，怕什么？犹豫什么？

你越崇拜大神，越说明自学能力差

这两天一直为罗辑思维的《时间的朋友》跨年演讲刷屏，作为一个罗粉，我却没有急着买视频会员听罗胖到底在讲些什么。那这是为什么呢？难道小六已经觉得自己和罗胖一样牛了么？怎么可能！

我的理由在于：授人以鱼不如授人以渔，罗胖已经把自我学习的方法教给了我嘛。我既然现在自己会钓鱼，会做饭了，那为什么不先自己试着做做呢？虽然不一定好吃，但吃过自己的再去尝尝罗胖做的，岂不是更有利于我的改进么？

因此我并没有急着去听罗胖在讲什么，而是在进行一次关于时间的主题阅读。我想看看自己对时间是如何理解的，然后再听罗胖是如何说的。

那么我们如何构建自己的自学能力呢？

1. 自学能力差会有什么问题？

有人会说，自学谁不会啊，我们每天都在经历那么多，做那么多事情，这些看到的，本身就是学习啊。

比如体验，就是我们看到的，听到的，感受到的。

试错的过程就是我们在做事，在交往过程中自己不断碰壁吸取到的经验啊。

还有观察，我们不是每天都在看大神们在站在互联网的风口浪尖翻云覆雨么？

这些都是学习啊，既然我们每天都在学习，怎么就说我们自学能力差呢？

我们先来看看如果仅仅是靠体验，试错和观察进行学习会有什么问题：

为什么香蕉不能动

把五只猴子关在一个笼子里，上面有一串香蕉，实验人员装到一个自动装置里。一旦侦测到有猴子要去拿香蕉，马上就会有水喷向笼子，而这五只猴子都会一身湿。如果有只猴子想去拿香蕉，当然，结果就是每只猴子都淋湿了。

之后每只猴子在几次尝试后，发现莫不如此。于是猴子们达到一个共识：不要去拿香蕉，以避免被水喷到。后来实验人员把其中的一只猴子释放，换进去一只新猴子 A。这只猴子 A 看到香蕉，马上想要去拿。结果，被其他四只猴子打了了一顿。因为其他四只猴子认为猴子 A 会害他们被水淋到，所以制止他去拿香蕉，A 尝试了几次，被打的满头包，依然没有拿到香蕉。当然，这五只猴子就没有被水喷到。

后来实验人员再把一只旧猴子释放，换上另外一只新猴子 B。这猴子 B 看到香蕉，也是迫不及待地要去拿。当然，一如刚才所发生的情形，其他四只猴子打了 B 一顿。特别的是，那只 A 猴子打的特别用力（这叫老兵欺负新兵，或是媳妇熬成婆 ^O^）。B 猴子试了几次总是被打的很惨，只好作罢。

后来慢慢的一只一只的，所有的旧猴子都换成新猴子了，大家都不敢去动那香蕉。但是他们都不知道为什么，只知道去动香蕉会被其他猴打。

我们学习的时候不也经常这样么？每天都在公众号接受各种大神的宣导，去听各种讲座，线上和线下的分享。那些站在聚光灯下的人告诉你他体验到的，他试错发现的，他观察到的。但是请问，你真的以为你吸收了么？

这是自学能力差带来的问题：我们就像是一只新猴子一样，被扔进了这个笼子里。然后被告知“动香蕉就会被打”。

通过上面的例子我们接着往下想，我这只猴子觉得不对劲啊，为什么“香蕉不能动啊”，这时候我就不在依赖原来的体验，试错和观察的学习方式，我去读书，看看在前辈们关于这支“香蕉”都在书上说了写什么。一看，诶！原来是一帮人类实验者做得实验！

2. 自学主要掌握的 5 个核心技能

（1）提问能力：多问为什么，少问如何怎么办？

和很多小伙伴进行互动的时候，更多的问题是我如何，怎么办。首先值得肯定的是这里面的绝大多数问题都是学习者从自身问题出发的，但是我却觉得这些问题完全可以在知乎和百度解决。互联网的人人的分享和解答，如何、怎么办的问题，你要相信这个世界上有人肯定遇到和你一样的问题。所以，知乎和百度上肯定有人也在提问，也有人肯定已经做出了回答。

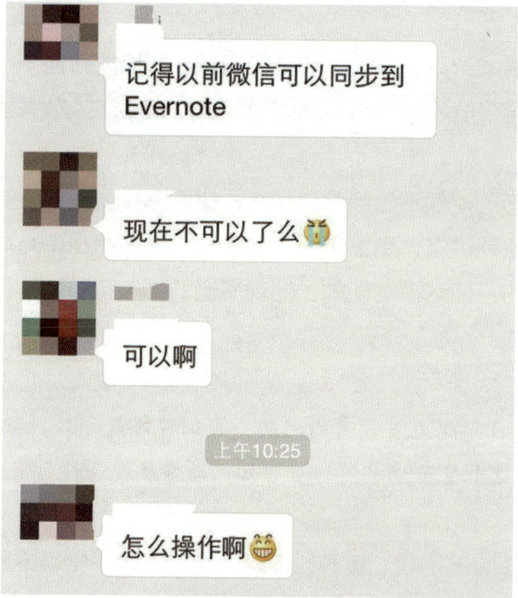

怎么办的问题百度一般都能解决

那为什么要多问为什么呢？你问为什么的时候，是已经基于某种事实了，在这种前提下，你已经进行一轮“什么是”和“怎么做”的尝试了。

比如“我做了一些什么事儿，但是 XXX，这是为什么呢？”

带着 WHY 去找答案，你的学习会更加有针对性，也会更高阶。

（2）检索能力

检索能力可以分成网络检索和自己的知识库检索：

A. 网络检索：

说提问能力的时候，我讲到了让大家去百度豆瓣知乎自己找答案，很可惜，很多小伙伴连基本的检索能力都没有。搜索关键词该怎么写？一个关键词搜出来有几十万条数据链接的时候，如何缩小范围，更精确找到我想要的东西？

如何用百度检索资料

网络检索能力就是要学会使用检索条件。

B. 自己的知识库检索：

还有一些小伙伴建立了自己的云笔记，学会了如何把网页，微博和公众号文章收集起来，可是一旦要用的时候，却怎么也找不到。公司电脑里的文件一堆，2014 年初的年度计划上哪去了？前三季度的总结报告呢？

自己的知识库检索，要学会建立标签。

学会建立标签

（3）阅读理解能力

自学能力的基础就是阅读理解能力。

我们先抛开什么是精读和快速阅读的问题，不管你用什么阅读方式，我们最终的目的是理解这本书，并且转化成为内在的知识对么？

学习到一个新知识是不可逆的，因为你一旦学会了，就不可能把它忘记掉。那怎么样才算学会了，吸收掉了呢？就是把学到的东西应用起来。

网络鸡汤为什么好喝但是没用，是因为你没有办法通过鸡汤产生接下来的行动。吃完什么样，排出去还什么样，这没有吸收，只是图个痛快而已。我们看某些韩剧嗨翻了天，好玩是好玩，但是对学习来说没有什么用。

所以阅读的理解，实际上是在阅读、理解还有加上学以致用，知行合一的步骤。

赵周老师在他的《这样读书就够了》里面提到的 RIA 便签读书法，就是一个能很好提高自己阅读理解能力的方法。

（4）写作能力

如何将自学的知识和经验传播出去，最好的方式就是写作。

这里的写作不是指虚构类的文学，虽然那是一种更高阶的输出方式，但是对于学习来说，如何将知识和经验进行组织分类，排列组合，用结构性思维表达出来具体的现象，操作的步骤和方法，这才是我们需要关心的。

宽泛一点来说，我们写的每一份报告，会议纪要都是写作。

如何用结构思考力进行组织和表达，可以参考《金字塔原理》，李忠秋老师的《结构思考力》和《透过结构看世界》来学习。

掌握了叙述的结构，落笔写下来的过程仅仅是把你画的思维导图，金字塔结构内容用文字表述出来而已了。

（5）实践能力

我们经常听到的两个老生长谈的词就是“学以致用”和“知行合一”。

我们懂得了一堆大道理，就是没有去用，就像你现在读小六的这篇文章一样：

你会做出评价：嗯，还不错；

也会引发自己的思考：嗯，我的习惯里面好像确实是这样的呢；

然后呢，就没有然后了！最重要的行动步骤，我们没有。

> 为什么我们行动那么难呢？
>
> 如果我告诉你有一个秘密方法：你只要照着我这个方法去做，明天马上就能找到对象；
>
> 我再告诉你另一个方法：你只要每天坚持5分钟，一年后你就可以找到对象；

心理学上已经通过大量实验证明，人更容易选择满足当下的自己，所以除非立刻就能见效，否则我们往往会选择拖延，不去实践。所以我们更倾向于选择7天学会XX、30分钟读完一本书等这样的方法论文章，因为它的周期很短，很容易实现和验证。

既然这样，我们锻炼自己实践能力的时候，就可以尝试把一个长期的行动计划，拆解成一个一个具体的小时间段的行动。

比如《自控力》这本书是哈佛大学心理课程，作者建议我们用10周的时间来提升自己的自控力，太久啦！那就拆解成10个1周的时间，每7天去实践其中的一个阶段就好啦。

3. 开放－自学的心态

开放的心态说起来容易，但做起来却很难。因为我们的心理是对舒适的现状有个保护机制的。现在工作很惬意，一切应付自如，我为什么还要去接触那些新事物呢？

但我们总有应付不过来的时候吧？就比如小六是做IT的，但是有次和领导汇报，想用一个案例的时候，效果平平，后来看到市场部的同事在介绍方案的时候，很打动人，我就在想，咦，他们的沟通汇报技巧我能不能学一点呢？于是我就偷偷去学习了很多市场和营销方面的知识。这些知识原来仅仅是因为我好奇，想试试能不能解决我的一个具体的工作问题，后来这方面的知识却变成了我做产品经理的一个优势。让我学会站在市场和客户的角度去看到研发上做的一些东西。

所以，保持好奇心，产生链接，用开放的心态去学习。

丹尼尔．平克在他的《全新思维》一书中向我们展示了引领未来的六种基本能力：

《全新思维－决胜未来的六大能力》

这些在信息时代常常被忽视和低估的能力，正是每一位希望在未来获得职业成功和实现个人梦想的人需要了解并实现的。

学习的过程同样适用于这六种思维，让自己的心态处于一个开放的状态，对身边的一切事物保持好奇心，产生更多的链接。

4、自学的过程曲线

很多时候我们信心满满地制订学习计划，但是却又总是很快放弃。是因为忽如其来的痛苦很容易让我们心理崩溃，心理上我们是不太喜欢超预期的东西的，所以一但有不顺利的地方，我们很自然地就会选择放弃。

10 000 小时理论告诉我们，学习的过程除了坚持，还需要在坚持的过程中不断修正和调整自己。所以在自学的过程中，你需要对学习曲线有一个基本的认识，给自己一个预期：嗯，一定会有困难点，一定会有瓶颈期的，但是这都很正常，谁都会遇到的，没关系。

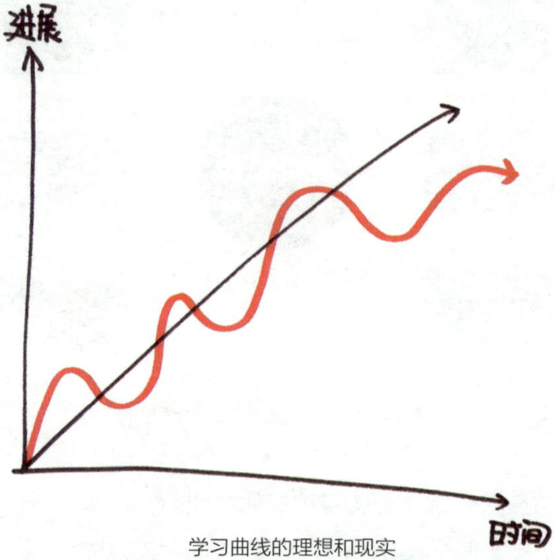

学习曲线的理想和现实

小结
SUMMARY

这个时代，有一群人想成为这个时代的自媒体，也有一群人每天都在不断被动接受这些自媒体传播的信息。就像古时候的地主家一样，明明有一双眼睛，但是他们是不读书的，他们专门雇别人说书给自己听。

如果我们一直在吃别人做的菜，那在新的一年里，你想不想尝试一把，自己到菜市场去挑选一些食材，自己洗菜，配菜，自己制作，然后用油盐酱醋自己烧一道菜？

自学能力，就是在这个餐馆遍地开花，口味千奇百怪的时代，尝试自己决定吃什么、怎么做、怎么吃的能力。

期待你的菜上桌，记得喊小六尝尝哈。

如何在小城市高效率的学习和生活？

2013 年我的老领导出来创业，于是我就跟随着他，从北京的一家银行 IT 研发部门，直接跳槽到沪宁线上的一家小城市公司做 IT 主管。

两年多的时间，从安逸地享受小城时光，到感觉自己在等死，再到现在的满血复活。我想跟大家聊聊我从大城市到小城市后，我选择了怎样的生活方式。

一、小城市的好和大城市的好

（1）小城的好

我在小城醒来的第一天就出门运动了，空气好得难以言表；

住在园区的单身公寓里面，宽敞明亮，还有一个大大的厨房；

每天步行 15 分钟上班，沿途是一个大公园，有一个大大的湖泊，每天下班都会在湖边静坐一会儿；

城市很小，所以打车从南到北也只需要 45 块钱；

超市、购物中心、优衣库（对，IT 男最爱么么哒）都有，对于 IT 男来说也已经足够了

房价就更不用说了……

（2）大城的好

你会发现小城市的好都体现在环境上，我也在最初的几个月里安然自得地适应着环境。

可是问题很快就来了。

A. 这里五点半就下班了

对，五点半，你一抬头，发现整个办公室都没有人了……

作为一个北漂过的 IT 狗，曾经每晚满怀愧疚下班赶最后一趟地铁的日子忽然就没有了。在小城市由于惯性，我还是坚持工作到晚上 11 点下班，但是，一个人在那么大的楼里，好害怕啊，宝宝！

B. 精神追求直线下滑了

我指的聚会是类似线下的交流活动，培训，讲座，展览，演出等。很抱歉，在小城市里这些你都不是那么容易就能实现。

原来三五成群没事就聚在一起的技术狗，每次只能在网上看他们发朋友圈了。

我忽然很怀念在北京的日子。人才汹涌的中关村，彻夜灯火通明的研发大楼，凌晨下班去吃烧烤的小伙伴……，这些好像都一去不复返了。

凌晨加班

二、如何在小城市获得大城市的优势

“要不要重新回到大城市？”这个念头挣扎了半年多的时间，最后还是放弃了，对，因为我谈恋爱了，我的那些梦和远方，难道就因为待在小城市里就放弃了么？我开始了下面一系列的反击。

（1）利用互联网进行学习

我开始利用互联网进行学习和交流：

▼ 网络

参加了网易云课堂的课程，一般的课程都是200-1000不等，但是相比线下的大几千的培训，网络培训在小城市更便捷

▼ 微博

开始利用微博跟随技术大V的长文进行技术学习

▼ 社群

罗辑思维，十点读书会，拆书帮，行动派——通过参加他们线上QQ群和微信群进行学习交流

（2）建立高铁2小时生活圈

线上的活动让我保持了和一线城市的信息新鲜度，但是人脉的扩展

还是线下。于是我开始利用高铁线，构建我的 2 小时生活圈。

周六周日两天，我会抽出一天时间，一早出发去另一个城市参加活动或者培训学习。

这个过程很累，每次折腾回来都是全身心的喜悦，认识不同的朋友，听取不同的观点和见识，也在这个过程中不断去做分享，扩大了自己的影响力。

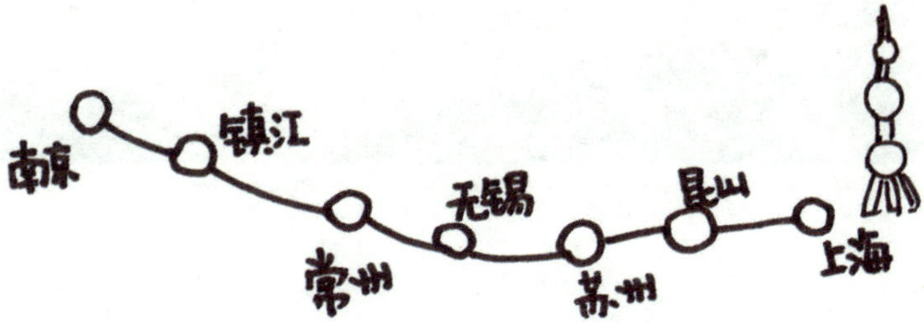

我的两小时生活圈

（3）主动去改变

我就这样开始了周一到周五在小城工作，周六周日在 [两小时生活圈] 里奔跑。慢慢的我也开始在小城市复制我的这种生活模式，将线上线下活动在小城市里面去推广，在这个过程中发现不少伙伴有着一样的兴趣爱好和向往，人数不多，但是起码会让你感觉到在这个城市里并不孤独。

现在我在小城市上班，我的团队不需要待在小城市里，他们可以在任何一个城市配合项目工作；

我在大城市的社群团队里做运营，我有自己的线上线下分享课程。

在小城市上班，在大城市学习

结论
CONCLUSION

写到这里，离开大城市之后，如何在小城市高效率地学习和生活呢？也许你有了自己新的想法，那么我的目的也就达到了。

互联网时代带给我们的不只是物质消费习惯的改变，也让我们重新对自己的生活圈子做了定位。主动去改变，谁说我们不能和大城市里的人一样会玩呢？

每个人都有追求自己想要的生活的权利，我选了折中去面对，希望我的经历能对生活在小城的伙伴们提供一些参考。

如果我们暂时一无所有，至少还有机会去尝试

1. 换一种方式看待自己的时间

（1）建立自己的碎片清单

我们到底在忙什么？我们到底有多少事情要做？

别烦了，将现有的事情全部扔到碎片清单里面吧，标记你觉得重要的事情，然后每天第一件事情就是去里面找一些完成就可以了。GTD很复杂，也很简单。

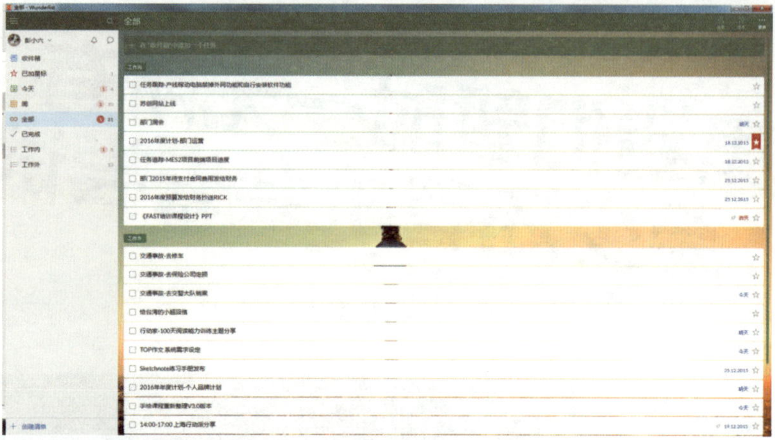

建立自己的碎片清单，让自己能随时记录下来

（2）对自己的时间进行整理

然后去了解什么是番茄钟，如果你想尝试让自己变得专注一些，可以在手机上安装一些番茄钟类型的软件，用外部力量来锻炼自己的专注力。

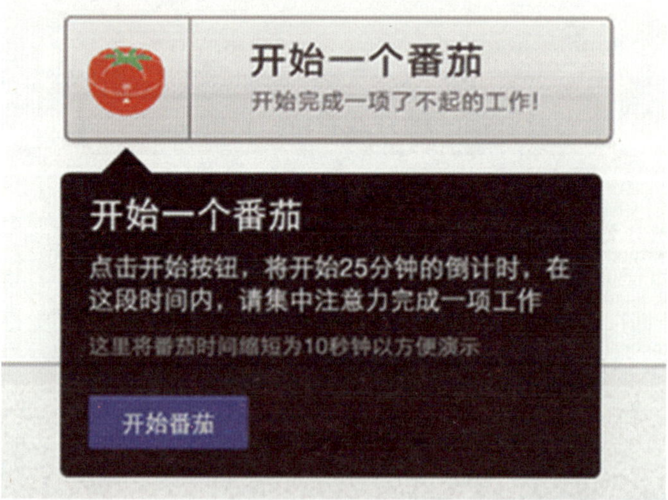

我们每个人都在为一些事情拖延，有的是我们潜意识里面觉得不重要的，但现实却很重要的事情，需要我们强迫自己去完成。“如果每天早上起来第一件事就是吞下一只青蛙，这一天你还有什么做不到的？”

然后可以给自己做一份年度计划，听听大神们年初是怎么设计，年尾是怎么总结的。

比如：个人年度目标制定综合活动 @ 幸福进化俱乐部

尝试培养一些新的习惯，但请记得，习惯是概率，不是每天都必须要坚持，那是“反人类”的行为。正确的习惯养成，是一段时间内，有60% 以上的天数都在坚持就很好了，如果能做到 80%，那已经很强大了。如果一个人喜欢每天都坚持，就是强迫症了。

画生命之花也行：

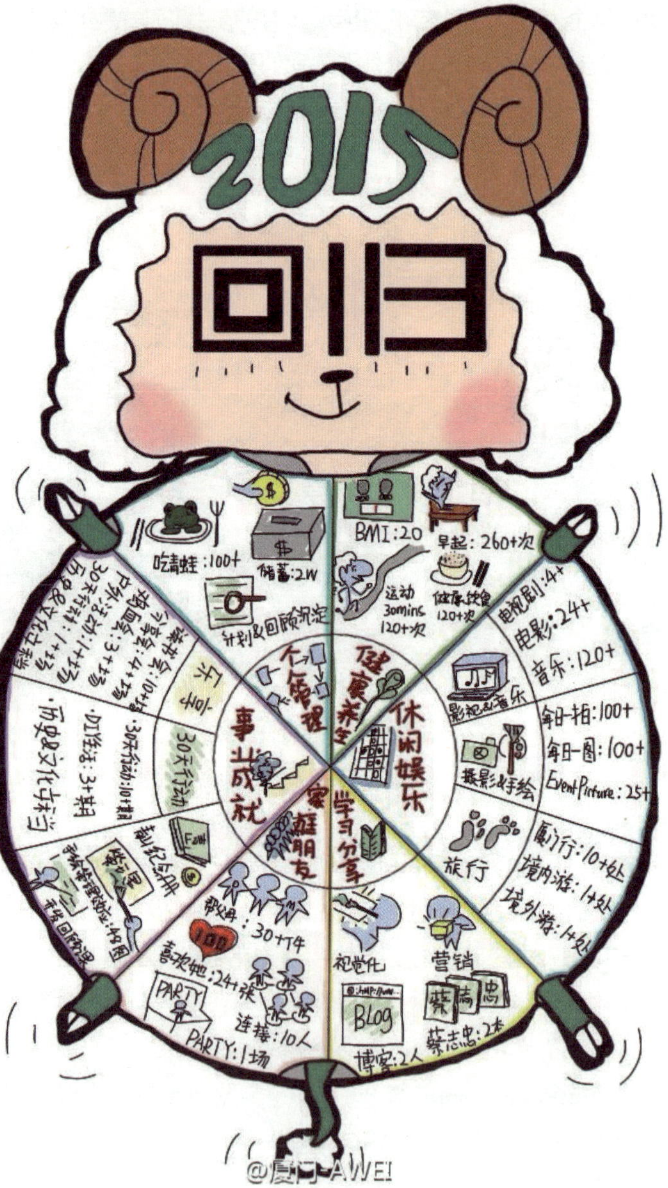
2015
回归
个人管理
健康养生
休闲娱乐
学习分享
家庭朋友
事业成就
吃青蛙：100+
储蓄：2W
计划&回顾规定
BMI：20
早起：260+次
运动 30mins 120+次
健康饮食 120+次
电视剧：4+
电影：24+
音乐：120+
影视&音乐
每日一拍：100+
每日一图：100+
Event Picture：25+
摄影&手绘
厦门行：10+处
境内游：1+处
境外游：1+处
旅行
营销
视觉化
Blog
博客：2人
蔡志忠：2本
喜欢她：24+张
连接：10人
PARTY
PARTY：1场
30天行动
历史&文化古迹
年货回顾课

生命之花

画思维导图也行：

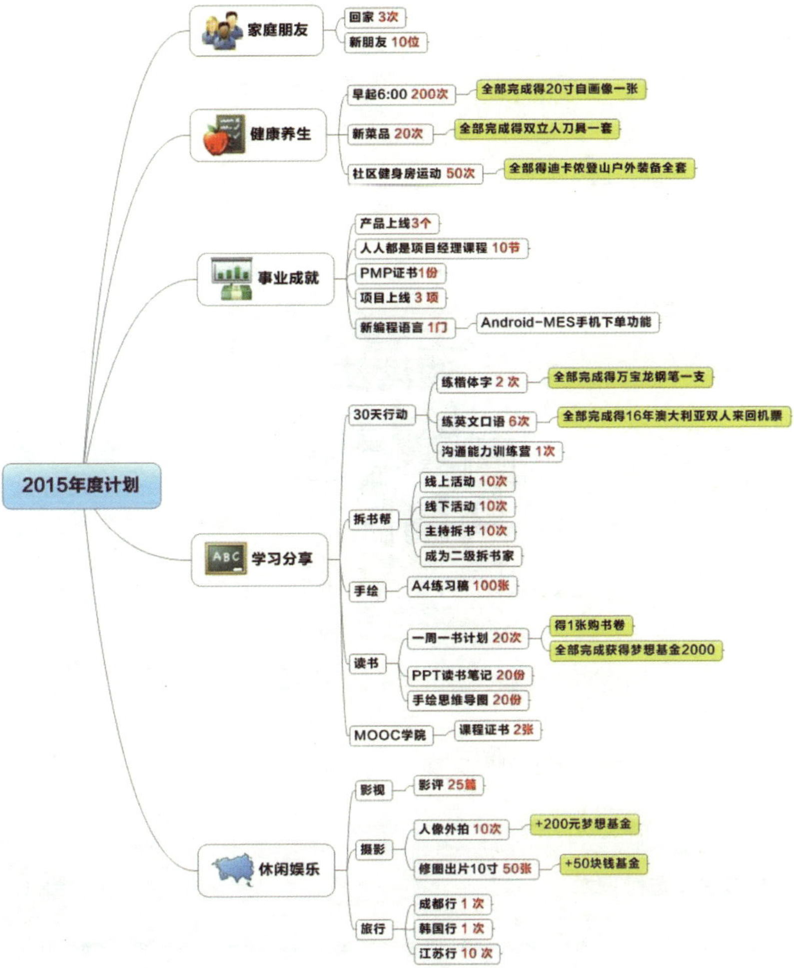

用思维导图画自己的年度计划

2. 尝试一些新方法去学习

（1）**尝试改变一下自己的习惯：**原来喜欢读小说，那就尝试读些畅销商业类的；原来一直都是看职场类的，看看时下最热门的小说。

（2）**掌握一些新的阅读方法：**分析阅读，快速阅读，主题阅读，RIA 便签读书法；这些方法不一定每一本书都用得上，但你都知道一些的话，慢慢就会融入到你的阅读过程里，你的潜意识会自动选择你已经掌握的某一种阅读能力。

比如尝试学习 30 分钟阅读一本书

（3）**尝试用一周找一些书进行一次主题阅读：**

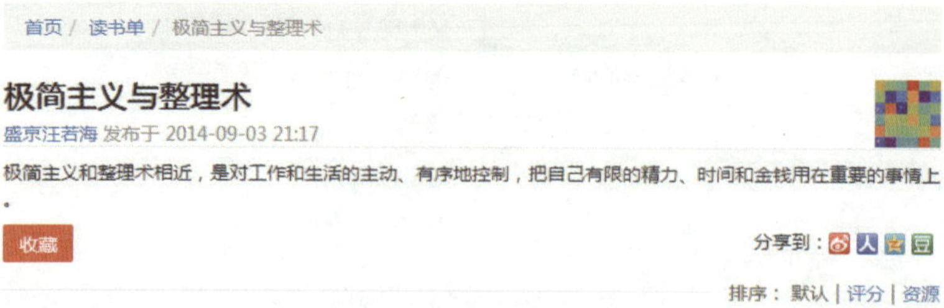

找一些有意思的主题书单来进行阅读

（4）**尝试接触一些新朋友：**寻找本地的社群组织吧，十点读书会，拆书帮，行动派，趁早，WorkFace……不同的社群都有自己的定位，你为何不尝试都去接触一下呢，那时你就会发现一群和你兴趣爱好相似的人。你会找到一群朋友，也会找到心灵上的共鸣。

本地线下活动

（5）**也可以尝试走出自己的城市：**去一两个小时能到的地方，认识一帮不同的人，听听他们的故事，和他们一起成长。

3. 尝试记录自己的生活

用智能手环统计自己每天的步行距离和睡眠质量（哪怕是一个估值）：

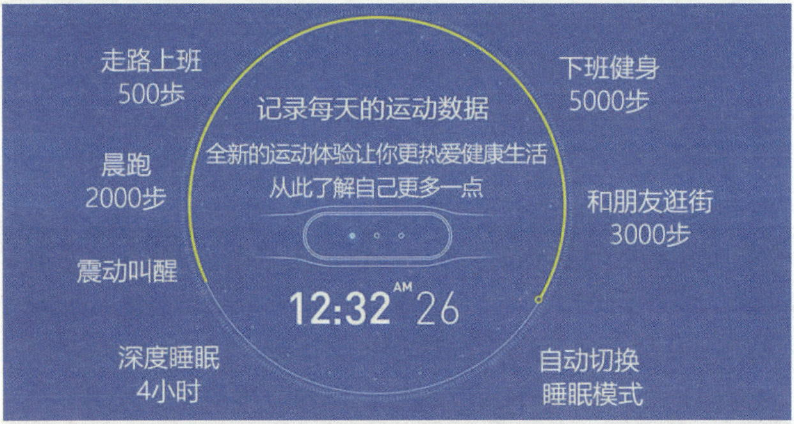

智能穿戴设备

我们总是觉得手机占用了我们时间，到底占用了多少呢，你可以尝试用后台软件记录自己每天使用手机的频率，发现一些意想不到的东西。

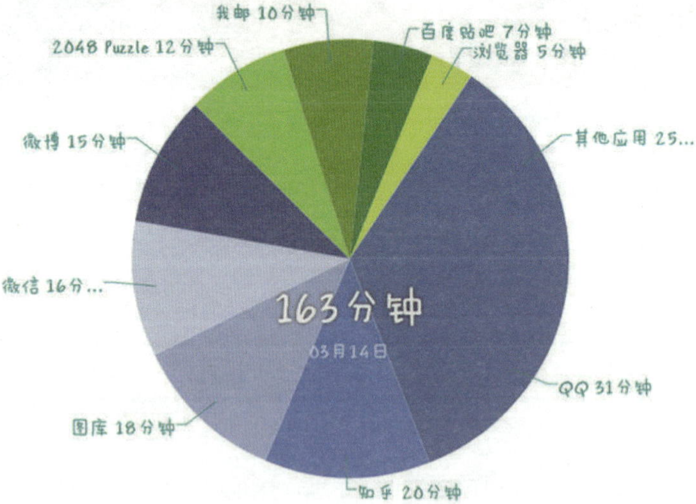

图片来自知乎

用财务软件记录自己每天的开销，知道我们的钱到底花在哪里？才能找到控制浪费的方法：

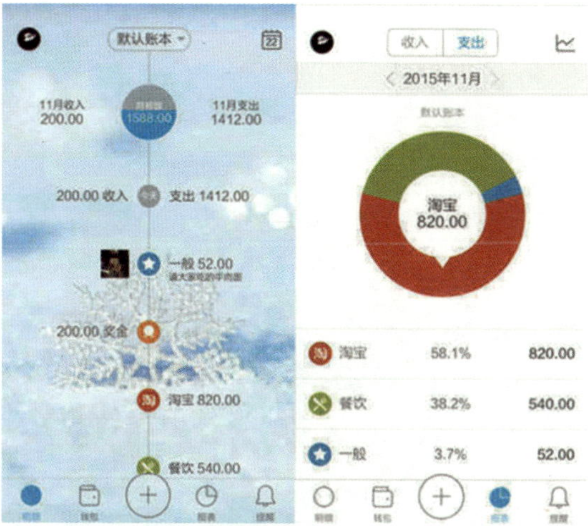

图片来自网络

用运动打卡软件记录自己的运动状态：

图片来自网络

用美食软件，记录自己做得每一顿大餐，唯有美食和爱情不可辜负，新的一年，尝试去记录自己的美味吧。

食色 APP

我们已经在一个碎片化的时代了，那就用一些碎片时间记录一下我们的生活吧，了解我们自己的生活状态，了解当下的自己，才有机会看清楚未来会怎样。

4. 经营自己的情感

尝试结束单身：除非你已经确定一个人生活，如果你还是单身，可以尝试学习一些搭讪的技巧，我们每个人都拥有主动寻找幸福的权利，所谓的成功可以说是不断的尝试和纠正的一种概率事件罢了。

学会和爱人相处：女朋友向你抱怨公司的事情怎么办，女朋友跟你说她感冒了怎么办？学会在约会中如何沟通，了解一些女性化思维，感情需要维系和经营。

学一些非暴力沟通：我们不要做“丑陋的中国人”，学会把自己的情感和想法顺畅地表达出去，表达自己的请求和希望得到帮助。

推荐阅读：

5. 给自己的充电

学习一些理性思维：学会提问，金字塔原理，结构性思维，批判性思维，让自己变得更有条理；

了解一些财务意识，了解机会成本和市场效应会让你做事情变得更有效率和目的性；

学习一些情商知识，优雅从容得待人接物；

学习一些职场的软技能：PPT/Word/Excel、手绘、思维导图，让自己更善于表达，让别人更容易接受你的想法；

学习一些项目管理，长城再长也是一段一段一块一块砖垒起来的，了解一个任务从头到尾有哪些事情需要考虑，哪些需要计划，哪些需要关注，可以让你学会管理自己，也会管理别人；

学习一些为人处世：王阳明的知行合一，曾国藩的结硬寨打呆仗，了解这些并不是让你去学他们的做法，而是让你知道，这个世界上有很多种活法。

云课堂

最后

我们还没到拥有的时候。吴伯凡老师在他的《青年人在快速变化的时代如何胜出》分享中提到了一个很有意思的观点：“30几岁前不要想着自己要得到什么拥有什么，而要想自己能成为什么。”

我们还没到拥有的时候，既然一切都在变化，我们在纠结自己当下的每一个选择又有什么意义呢？

我们想要成为什么，是一个很大很大的话题，不如先去尝试搞清楚自己是谁，处在什么状态吧？也许你自己就会有答案了。

一棵树种好的最好时间是十年前，其次是现在。

就算是个坑，你也得试着跳下去

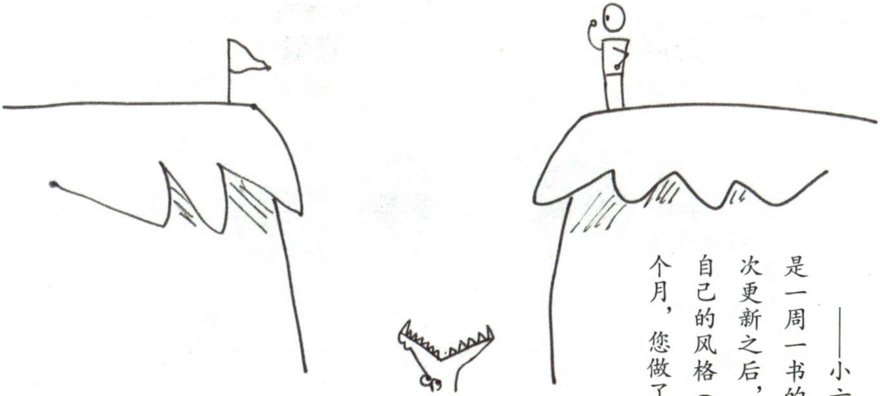

——小六您好，我读了您简书的所有文章，发现：您之前是一周一书的方法在码字。后来中间有两个月没有更新，但再次更新之后，文章标题就开始变化，回归之后的文章也形成了自己的风格（标题勾人+手绘图+猫）。我想了解的是，这两个月，您做了什么让您的文章有这样的转变？感谢回答。

三个月前，我听了@张扬时代的一次线下分享，3个小时，他把田志刚老师的那本有些年头的《你的知识需要管理》用自己的理解和经验重新给我们讲述了一遍。

和每次听讲座一样，我录音、画思维导图，在返回自己城市的高铁上，我在自己的手绘本上画了一张简单的图。

不如就试着开始吧？

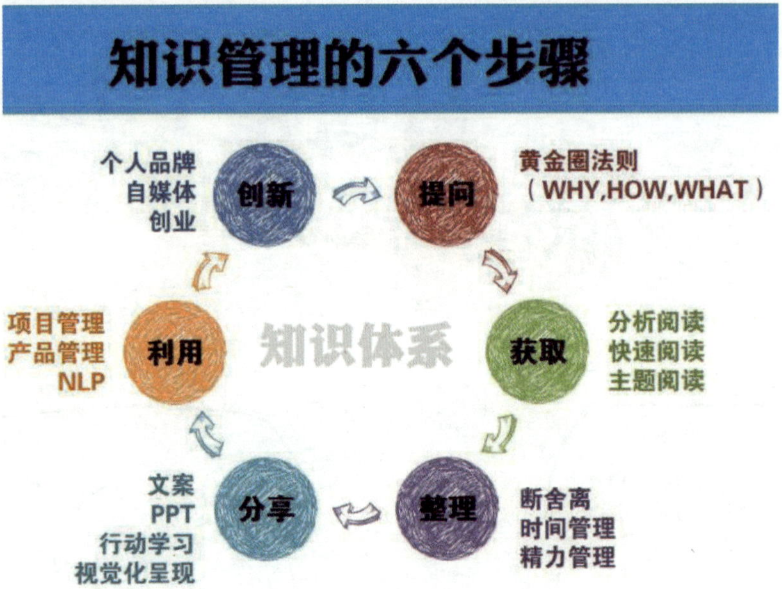

知识管理的六个步骤

半年前的一天，在拆书帮的一次拆书活动上，@ 河马拆了阅读方法类的书籍《王者速度法 - 如何用 30 分钟读懂一本书》。

那时候我还在坚持一周一本书的，读书、写书评、画图书PPT的时代。

怎么可能？现有的认知第一反应就是抵触，否定，觉得这一定是投机取巧的方式。

“现场试试好啦，反正又不损失什么。”河马笑着说。

那就试试呗……

如何用30分钟读懂一本书

快速阅读和主题阅读

@彭小六

王者速度法

一年期的冬天，我在微博上关注的思维导图的自由培训师 @ 水菱姑娘发了一个微博，说在苏州想带大家玩一次拆书，想来的回复报名。

拆书？是把一本书拆了么？

出于对偶像的信任，我想去看看拆书到底是怎么回事。管它呢，试一下吧，看看别人怎么玩的。

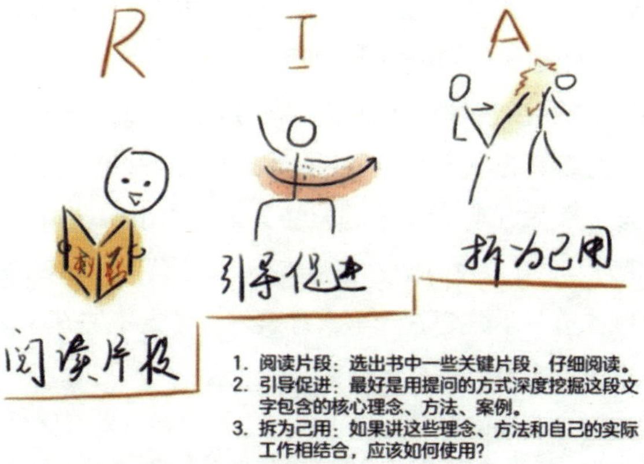

图片来自拆书帮

回顾那三个点，看上去很偶然，每个点其实都并不孤立。

一年前，因为屯书看不完，所以心生愧疚，才对拆书感兴趣。

半年前如果我没有40个礼拜《一周一本书》的咬牙切齿的体会，就不会有快速阅读带来的突飞猛进；

三个月前，如果我没有因为快速阅读积累了大量的领域知识，那么那场知识管理的课程就会仅仅成为一张思维导图而已。

所以有人在看完小六的文章之后，问小六："我要读哪些书？我该如何学习？我该如何建立自己的知识体系？我该如何构建自己的核心竞争力？"

我哪有那样的神通呢？我能做的就是把自己走过的路，爬过的坑跟你叙述一遍；我写文章的目的不是让你绕过哪些大山和坑，而是告诉你，尽管你会遇到这些大坡和深坑，但是没事儿，你会扛过去的。

尽管全世界都说相声界的罗永浩做手机是个深坑，但是只要他做出了第一个版本，你就再也阻止不了他了，因为他已经从0到1了，接下来的他会用无数个迭代和更新来证明自己。

而我害怕的就是那些听我说完就动手的人，他们总是抱着一个好奇的心态去面对新鲜的事务，然后小心地去尝试，验证到底适不适合自己。

尝试要是失败了呢？《哈利波特》第一本小说被拒稿了12次，最后勉强出版也只印了800册；罗胖每天早上录六十秒的语音，运气好五六次就过，运气不好要五六十次才录好；《太子妃升职记》前几集，面瘫太子连头套都没有——我们又担心什么？

所以回答开头的问题：

那两个月我每个星期去旁边城市参加线下活动，和大家一起拆书，交流经验，学会如何介绍一本书，如何让大家理解我分享的片段，然后对每一次都进行复盘，写成文章；再试着去改进，然后进入下一期……

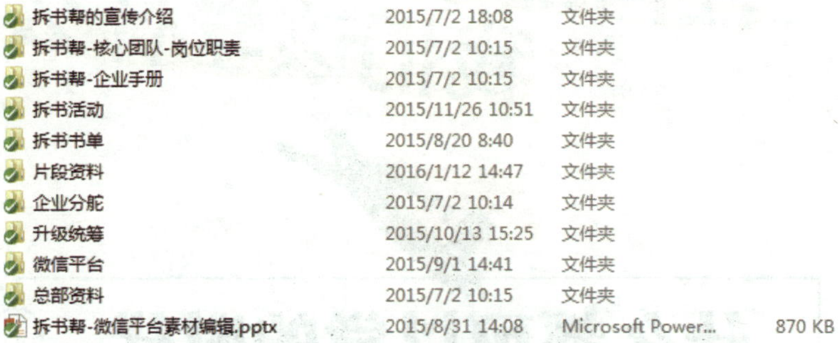

拆书帮的宣传介绍	2015/7/2 18:08	文件夹	
拆书帮-核心团队-岗位职责	2015/7/2 10:15	文件夹	
拆书帮-企业手册	2015/7/2 10:15	文件夹	
拆书活动	2015/11/26 10:51	文件夹	
拆书书单	2015/8/20 8:40	文件夹	
片段资料	2016/1/12 14:47	文件夹	
企业分舵	2015/7/2 10:14	文件夹	
升级统筹	2015/10/13 15:25	文件夹	
微信平台	2015/9/1 14:41	文件夹	
总部资料	2015/7/2 10:15	文件夹	
拆书帮-微信平台素材编辑.pptx	2015/8/31 14:08	Microsoft Power...	870 KB

那两个月里做的事情

看上去是蜕变，实际上只是不断去做，一点一点在改进而已。

其实就这么简单。

任何都可以学的时代，我们该学什么？

经常遇到这样的问题：

我想学习一个领域的知识，我该怎么学习呢？

就像我们现在关注的各种公众号，所有人都讲得好，有道理，但是发现我们的时间和精力远远满足不了我们感兴趣的内容。

这么多，我该学哪个呢？

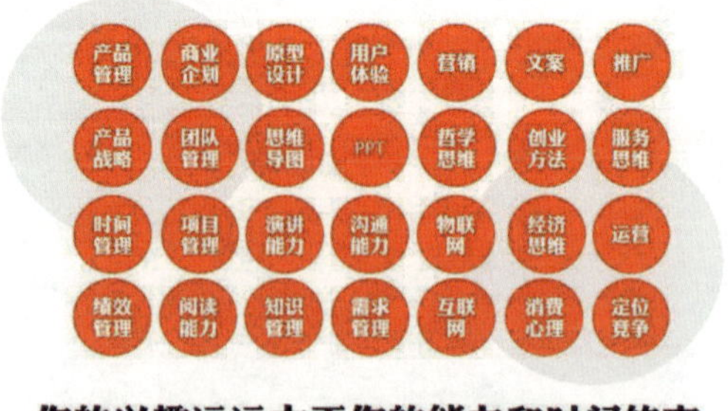

你的兴趣远远大于你的能力和时间约束

感觉有很多很多东西要学习呢？

1. 知识的分层

咱们就拿上面这张图举例子，这些技能大家或多或少都想学习吧？嗯嗯嗯，你发现了，很多都可以用到工作当中，而且很多都是我们公众号啊，简书啊，这些媒介在向我们推送的。

嗯，问题来了，这么多内容我们没有时间什么都学吧？

别着急，我们先来对知识进行一下分类：

知识的分类

如果我们对每天接触到的东西进行分类，就会发现，公众号的一篇文章传达的信息都可以在这三个层次里面找到其中一个位置。

而我们要在关注什么呢？

如果你还是学生，那通用类和专业基础类的信息更值得你关注。

但是如果你已经在职场了，那整个金字塔你都要关注咯，而且你更要关注的是，如何将你的金字塔底座变宽，让高度变高。

2. 知识的分类

知识仅仅是分层还不够，还有另外一个维度，就是分类：

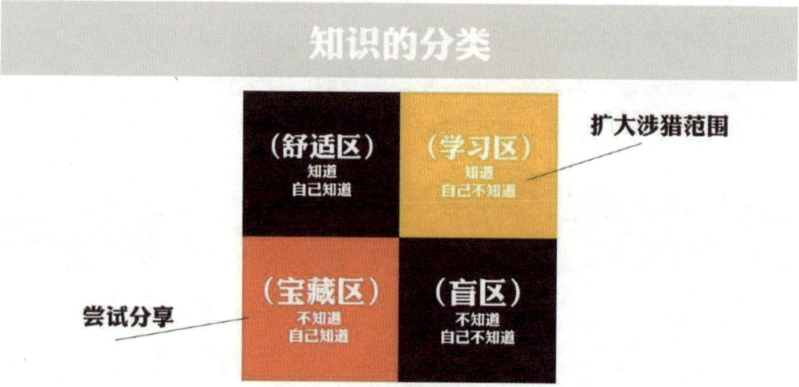

☆ **舒适区：** 就是你已经知道自己知道的知识，你已经能够熟练应用，驾轻就熟，使用这些技能能够轻松应付你的工作和生活。

☆ **探险区：** 你知道自己不知道的，比如小六知道自己财商不行，那如何学习理财是我急需要去搞清楚的。

☆ **宝藏区：** 我们并不知道自己知道这块内容，它已经成为我们潜意识里的反应，比如 2015 年 9 月份开始在简书写“干货”之前，我并不知道作为一个 IT 男，根据自己的思维方式还能干这个。

☆ **盲　区：** 我们每个人都有自己的认知局限，我们受限于我们当下的时间和空间。

面对这个四个区域我们该怎么做呢？

☆ **舒适区：** 走出去，之前已经对专业基础类的知识驾轻就熟，那现在尝试调整难度，去学习更专业的层次

☆ **探险区**：扩大涉猎范围，我是一个程序员，那我是不是可以去了解一下产品经理的工作有哪些？我只是一个普通员工，我是不是可以了解一些领导力方面的知识？

☆ **宝藏区**：尝试去做分享，尝试把自己潜意识里面的行为和想法输出，变成文字，变成图示或者流程，你会发现你闭着眼睛就可以做出来的东西，会给很多小伙伴们带来新的认知。

☆ **盲　区**：认识盲区的存在，就是保持谦卑。比如我们谈某种方法论，都要知道这个方法的局限性和成立的前提条件，这样才不会变得自大和自负。

秋叶 PPT 就是一个很好的例子，有很多高手做的 PPT 一定比秋叶 PPT 的小伙伴们做得更好，但是为什么秋叶 PPT 的课程还是那么火？因为他们懂得如何拆解自己的技能，并让每一个小白学得会。

3. 学什么很简单，自己画个罗盘

那如果把知识的分层和分类两个维度结合在一起呢？

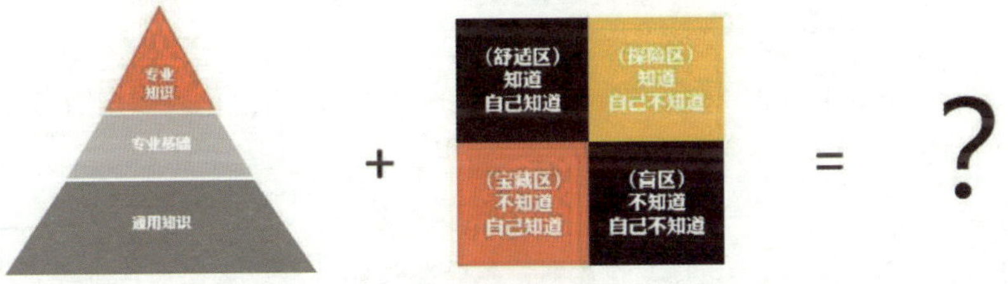

知识的分层和分类

三个层次和四个分类两个不同的维度组合，就会得到你的知识罗盘了。

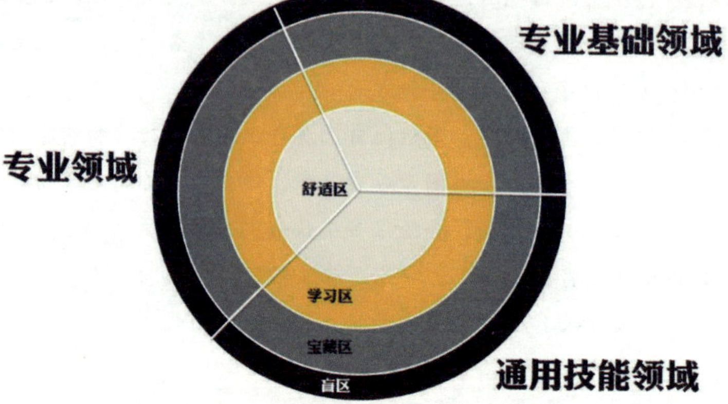

4. 我的知识罗盘

当我整理自己的个人知识体系的时候，我是这样做的：

setp 1：先列出自己所有会的技能，哔哩哔哩无关大小，只要觉得自己掌握了一些的都写出来；

setp 2：将这些技能放入技能罗盘中，看看他们的现状；

setp 3：挑选和自己当下的工作和学习紧密相关的进行移动。

setp 4：根据学习区和宝藏区的内容确定自己的行动计划，比如怎么学，怎么分享，怎么用到工作中，等等。

比如，我在做 2016 年年度计划的时候，就利用这个圆盘来给自己定位：

☆ 根据 2016 的工作计划，把一些技能从舒适区里面拖进学习区；

☆ 写作已经在学习区训练了半年，可以往宝藏区开发利用起来，变成个人的分享类型产品。

☆ 又因为时间有限，只确保2016年有三个主要的方向，其他暂不做计划，静观其变。

……

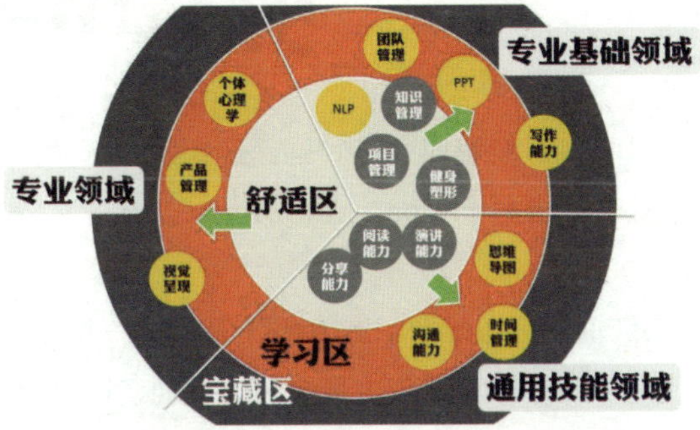

构建自己的知识体系 -2016

确定了学习方向之后呢？

确定了学习的方向之后，接下来才是我们要谈的“如何学习这个领域的知识了”。

我们已经意识到互联网给我们的学习带来的便利，可以说现在在网上我们想学习任何东西都有机会找到资源。

那这些入口到底有哪些呢？

学习的入口

我用一年时间证明努力的价值

2015 年 1 月 30 日，我开始在简书上写自己的第一篇文章：一周一本书 -01-《游戏改变世界》-Jane McGonigal，点击率 261，点评 2，喜欢 1——我开心了好久！

为什么会来简书？好像是看了庄 13PKGRIL 的一篇文章《为什么我可以不上班，你不行》。跪拜那篇文章之后，发现了这个写字的好地方。不如 ~~ 写点什么吧？

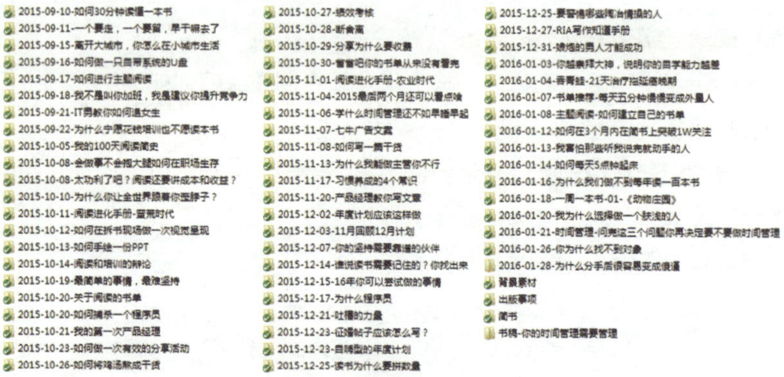

所有的文章素材都进行了归档

我作为一个“屌丝”尝试了用一年的时间去证明：你若努力，全世界都会为你制造机会。

让每一个努力的人都有机会去改变，这就是我理解的最好时代。

1. 阅读带给我改变

2014 年 11 月参加了拆书帮苏州的第一期活动，从此了解了实用类的图书如何使用 RIA 便签方法进行阅读。开始改变一个人在家读书的方式，每周坐高铁，路上用 3 个小时，去周边城市参加读书会活动。

拆书帮活动现场，正中间的是简书作者 @AN_ 志国

2015 年的 1 月，我给自己制订了一个年度计划，就是要完成一周一本书 30 周。计划每周读一本书，写一篇 800 字以上的书评发布到简书。这个我用了半年时间，提前完成了。

2015 年 6 月，我参加十点读书会的 100 天阅读训练营，于是就有了《从学渣到学霸，我的 100 天阅读简史》，之后开始并尝试将自己的阅读能力提升经验做分享。

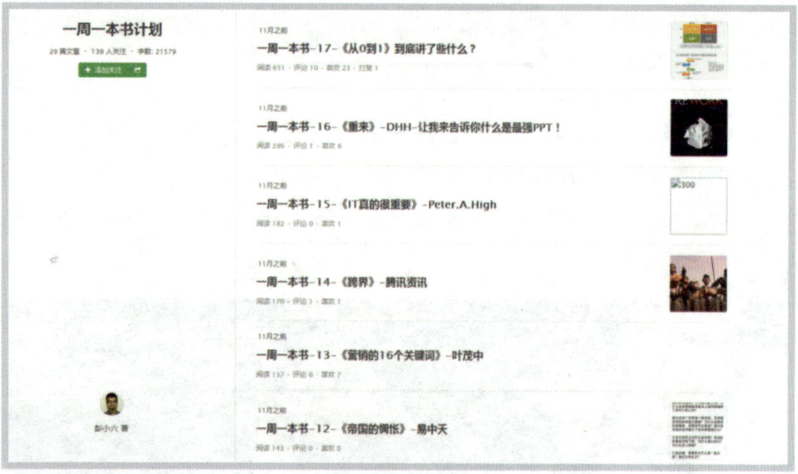

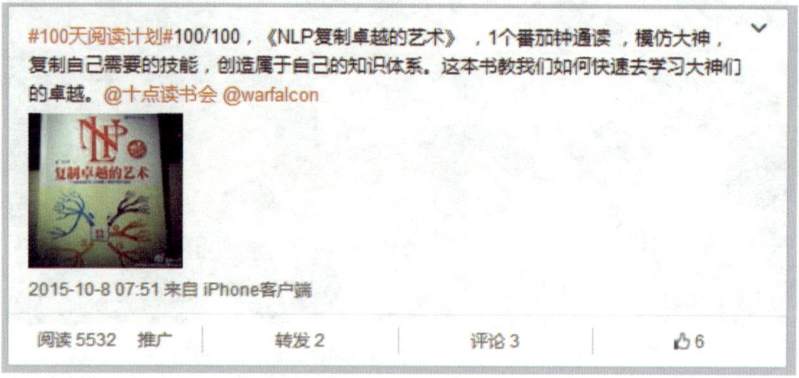

十点读书会的 100 天阅读训练营

大量阅读的好处：

（1）视野变得开阔。

看到谁武功高，就拜谁做师父。我就像那个草原上傻傻的郭靖，不断地去请教师父，师父的师父……批判性思维，结构思考力，阅读能力，经济学思维，PPT，NLP，思维导图，手绘，文案，营销，定位，商业模式，项目管理这些技能都是在不断的学习中发现的新大陆的。

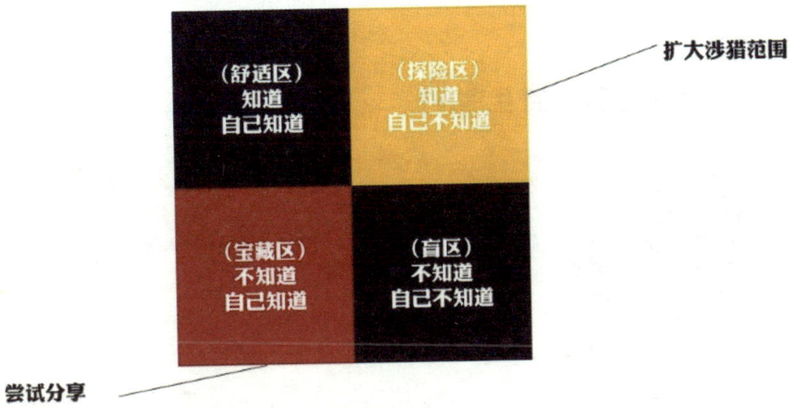

探索和发现

因为阅读，所以这些老师并没有因为我一开始的呆头呆脑而拒绝教我，有时候我领悟不透，我就请他停下来，我琢磨一会，演练一会，然后再让他接着教。

所以你问我读那么多书干什么？我只能说，试试就知道了。

（2）创造更多可能性。

因为阅读，我结识了拆书帮的一群伙伴，参与了社群运营；也因为那个契机，让我走出了从北漂后回到三线小城市的落寞，我开始重新设计自己的业余生活。

建立两小时生活圈，是2015年我尝试去做的。坐高铁，在沪宁线上频繁参与线下活动，和喜欢社交学习的一群伙伴们一起，拆书帮、十点读书会、行动派、趁早、WorkFace、书单、脑洞学院、沙客云大学、墨咖、PMCAFF……我居然可以通过线上和全国的小伙伴们一起讨论学习。

这些互动学习的过程，让我即使在三线城市，思维模式也能和一线城市保持同步；这些学习过程让我在公司能脱颖而出，并且得到更多的发展机会。

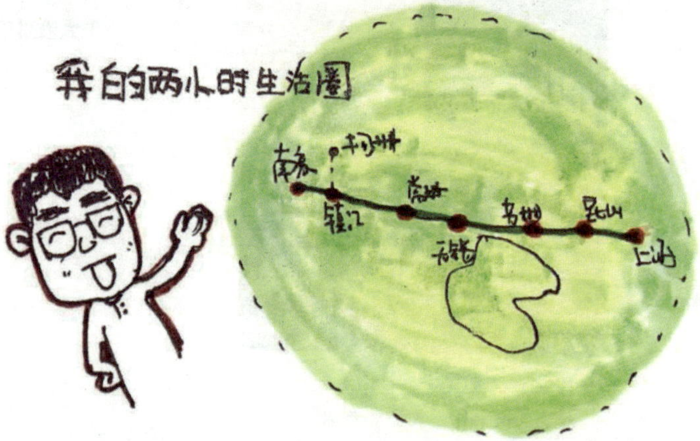

“两小时生活圈”和“U盘化生存”

用高铁构建两小时生活圈

2. 分享给我带来改变

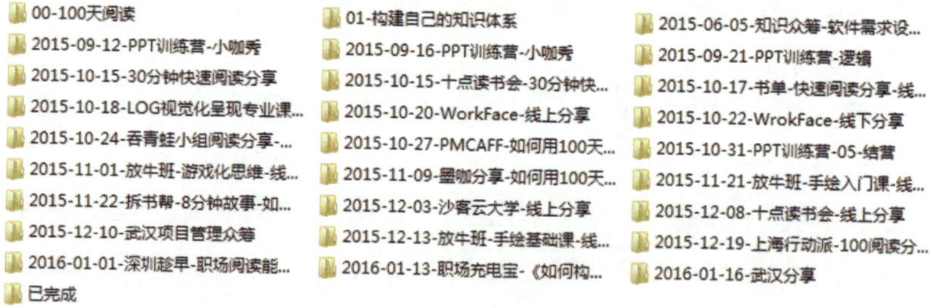

9 月份到现在的分享记录

（1）在线上：

开始正式在简书上，将自己的工作经历结合书本知识进行整合，做干货类文章分享。涉及：知识管理、时间管理、项目管理、阅读能力、PPT、手绘等。

（2）在线下：

2015年9月26日。100天阅读训练营结束，开始做大量的线上线下分享。来者不拒，有人让我讲，我都会去准备。截至目前完成25场线上线下分享。也就是每个月做5场分享。

为什么热衷去做分享呢？最大的动力有两个：

分享能检验学习的效果

在准备分享的过程中，会潜意识地要求自己更加专注地去学习、整理。举个例子，我们很多人都觉得30分钟读完一本书不可能，但是在线下活动的时候，几乎所有人都能够做到只通过15分钟的“检视阅读”，就能在小组内做针对这本书的一个简短的介绍和分享。

分享能得到正面反馈

你知道的真的就是你知道的么？

分享过程可以带来及时的“正面反馈”，你理解的内容，如何清晰的表达？

对方清楚地知道了么？

他能根据你讲的内容快速地实践嘛？

他的疑问解决了么？

分享可以快速得到这些答案，所以线下活动是为了得到正面反馈，写文章也是。

一旦你的学习过程建立了这种正面反馈，就像玩游戏打BOSS马上爆装备一样，这种反馈可以让你获得即时的满足感，并且有动力继续下去。

3. 将来我们可以一起做什么？

（1）走出自己的舒适区，大胆去尝试

我们可以整理自己的技能树，然后看看哪些是我们已经驾轻就熟的了，哪些是我们需要去学习的。

学习是一种积极的活动，所以没有失败可言，学习的过程就是在进步。

舒服是留给老人家的

（2）建立自己的品牌

在职场我们要建立自己的核心竞争力，成为不可替代的人的。

学会定位和商业模式，让自己在生活和工作中成为独一无二的人。

（3）学会如何培养“习惯”

21 天真的可以养成一个习惯么？还是要 100 天？

了解什么是精力管理，明白自控力和意志力是如何消耗的，然后从习惯开始练习，不断获得成就感。当你对如何养成一个习惯已经轻车熟路，那么不管是这个习惯还是那个习惯，对你来说就只是一个时间长短的问题了。

（4）学习写作

学习写作并不是指变成曼妙的文笔，而是指表达的结构、逻辑、思路。这里面有文案，有营销，有心理学，有七情六欲。

我们每天都在表达，写作能让我们在脱口而出之前，可以更好地梳理自己的思路。把话说清楚是第一阶段的要求；把话说的容易理解是高段位的要求。

我自己也曾经在嘀咕，像我这样的新手，出书会不会有点仓促？但是另一个声音告诉我，如果你不尝试接下写书的项目，那你怎么知道写书要学习哪些技能？试错的成本无非就是被人骂写得烂罢了，那又怎样？我只要开始写，下一本肯定比现在要好。

4. 未来，和身边的朋友们一起奔跑

我们为什么要改变？

我们为什么要读书？

我们为什么要写字？

我们为什么要参加社群，和全国的小伙伴们一起去学习、去分享？

彭小六想去做那样一种人：他们登上山峰，然后看到了一个新世界，他们并不急着冲过去，而是转过身，对身后所有的朋友们摇手呐喊，告诉他们这个新的发现。

新的一年，让我们在简书的平台上，和全国最优秀的一群学习者一起奔跑。

我准备好了，你也一起来吧。

成为高效能的
行动派

图书在版编目（CIP）数据

让未来现在就来：成为高效能的行动派 / 彭小六著. —北京：中国铁道出版社，2016.6（2018.2重印）
ISBN 978-7-113-21762-4

Ⅰ.①让… Ⅱ.①彭… Ⅲ.①成功心理－通俗读物
Ⅳ.① B848.4-49

中国版本图书馆 CIP 数据核字 (2016) 第 093935 号

书　　名：让未来现在就来——成为高效能的行动派
作　　者：彭小六　著

策　　划：巨　凤　　**读者热线电话：**010-63560056
责任编辑：苏　茜
责任印制：赵星辰　　**视觉设计：**MXK DESIGN STUDIO

出版发行：中国铁道出版社（北京市西城区右安门西街8号　邮政编码：100054）
印　　刷：北京米开朗优威印刷有限责任公司
版　　次：2016年6月第1版　2018年2月第7次印刷
开　　本：880mm×1 230mm　1/32　**印张：**7.5　**字数：**233千
书　　号：ISBN 978-7-113-21762-4
定　　价：38.00元

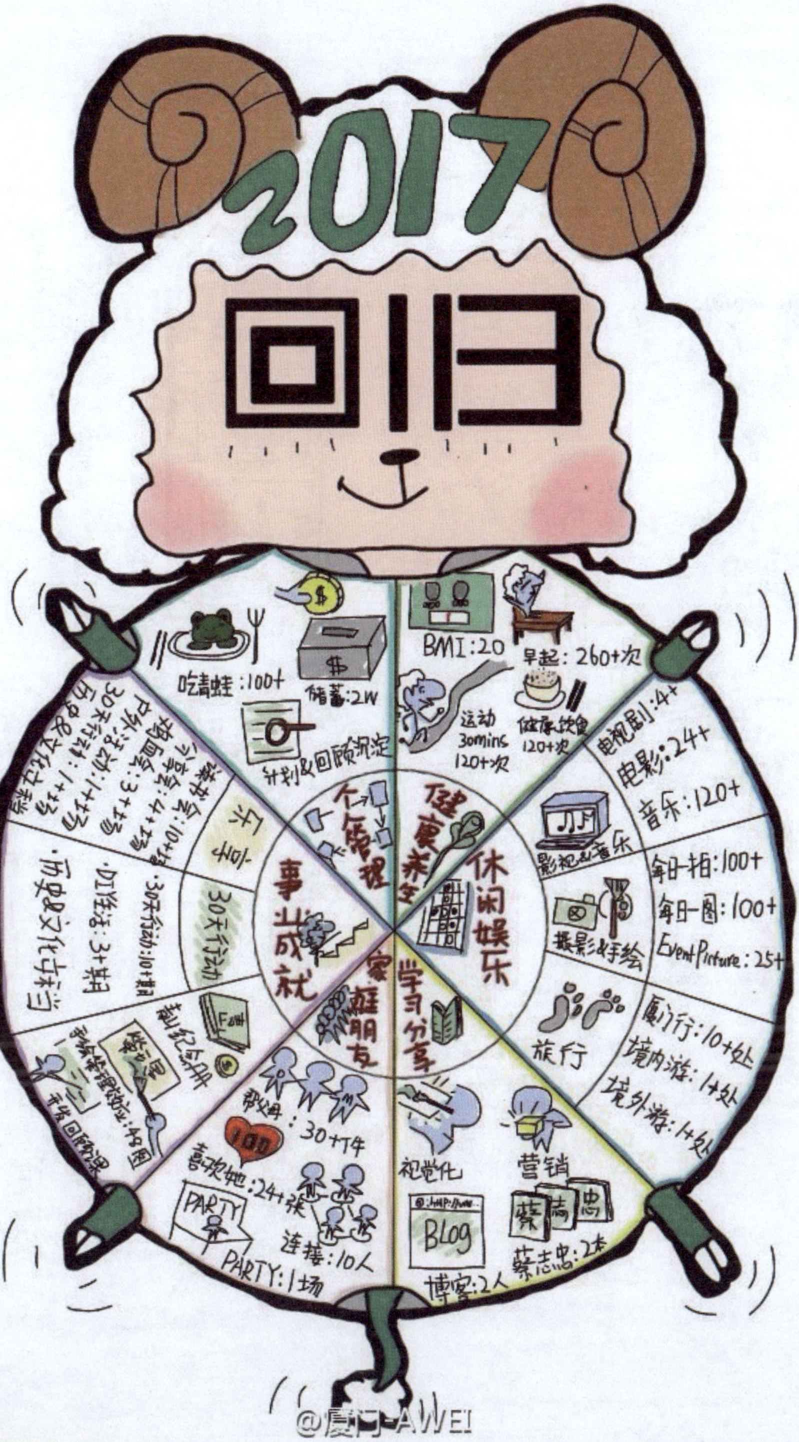

2017
回归
个人管理
吃青蛙：100+
储蓄：2W
计划&回顾沉淀
健康养生
BMI：20
早起：260+次
运动30mins 120+次
健康饮食120+次
休闲娱乐
电视剧：4+
电影：24+
音乐：120+
影视&音乐
每日一拍：100+
每日一图：100+
Event Picture：25+
摄影&手绘
厦门行：10+处
境内游：1+处
境外游：1+处
旅行
学习分享
视觉化
营销
Blog
博客：2人
蔡志忠：2本
家庭朋友
帮父母：30+件
喜欢她：24+张
PARTY
连接：10人
PARTY：1场
事业成就
分享
读书会：10+场
分享会：4+场
30天行动
30天行动：10+期
制纪念册

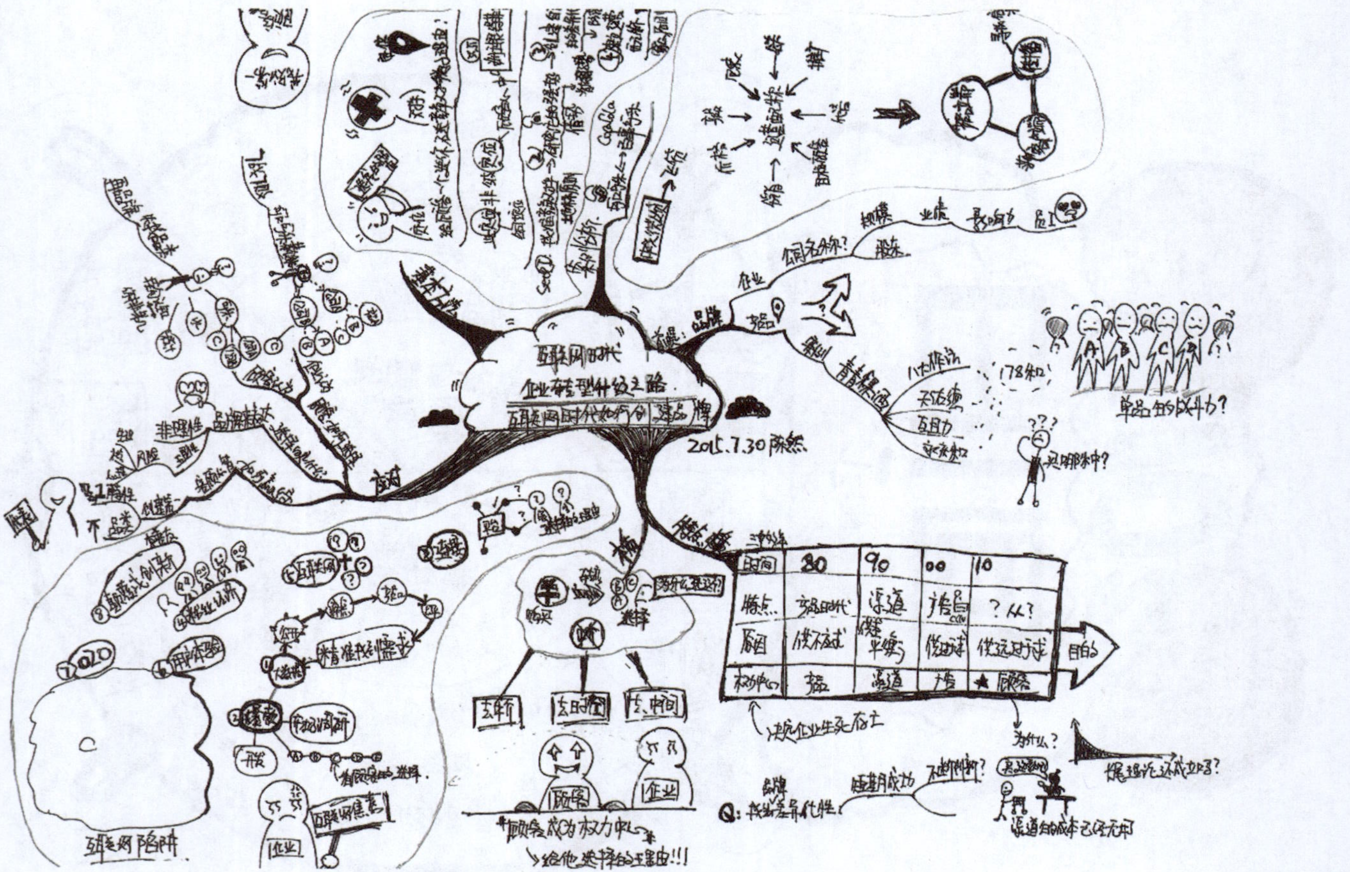

听课笔记 - 思维导图

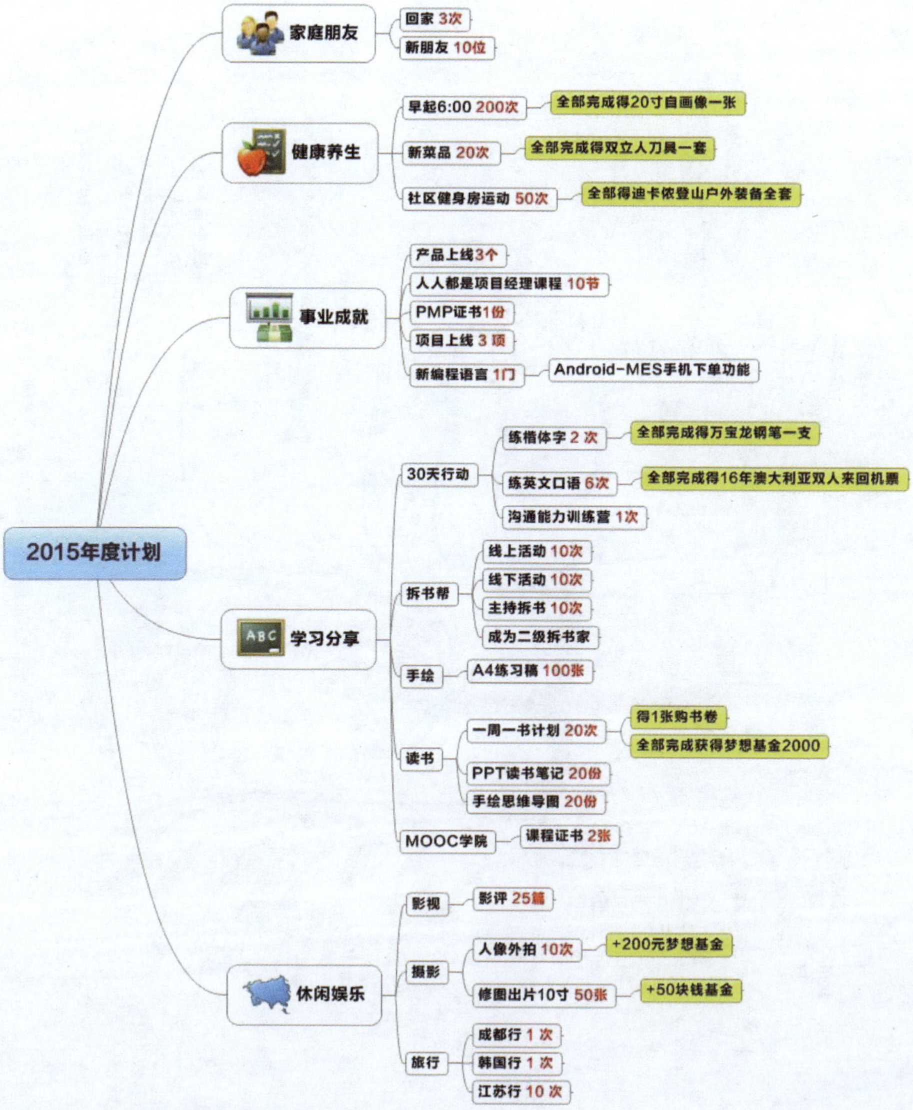
2015年度计划
家庭朋友
回家 3次
新朋友 10位
健康养生
早起6:00 200次
全部完成得20寸自画像一张
新菜品 20次
全部完成得双立人刀具一套
社区健身房运动 50次
全部得迪卡侬登山户外装备全套
事业成就
产品上线3个
人人都是项目经理课程 10节
PMP证书1份
项目上线 3 项
新编程语言 1门
Android-MES手机下单功能
学习分享
30天行动
练楷体字 2 次
全部完成得万宝龙钢笔一支
练英文口语 6次
全部完成得16年澳大利亚双人来回机票
沟通能力训练营 1次
拆书帮
线上活动 10次
线下活动 10次
主持拆书 10次
成为二级拆书家
手绘
A4练习稿 100张
读书
一周一书计划 20次
得1张购书卷
全部完成获得梦想基金2000
PPT读书笔记 20份
手绘思维导图 20份
MOOC学院
课程证书 2张
休闲娱乐
影视
影评 25篇
摄影
人像外拍 10次
+200元梦想基金
修图出片10寸 50张
+50块钱基金
旅行
成都行 1 次
韩国行 1 次
江苏行 10 次

年度计划 - 思维导图

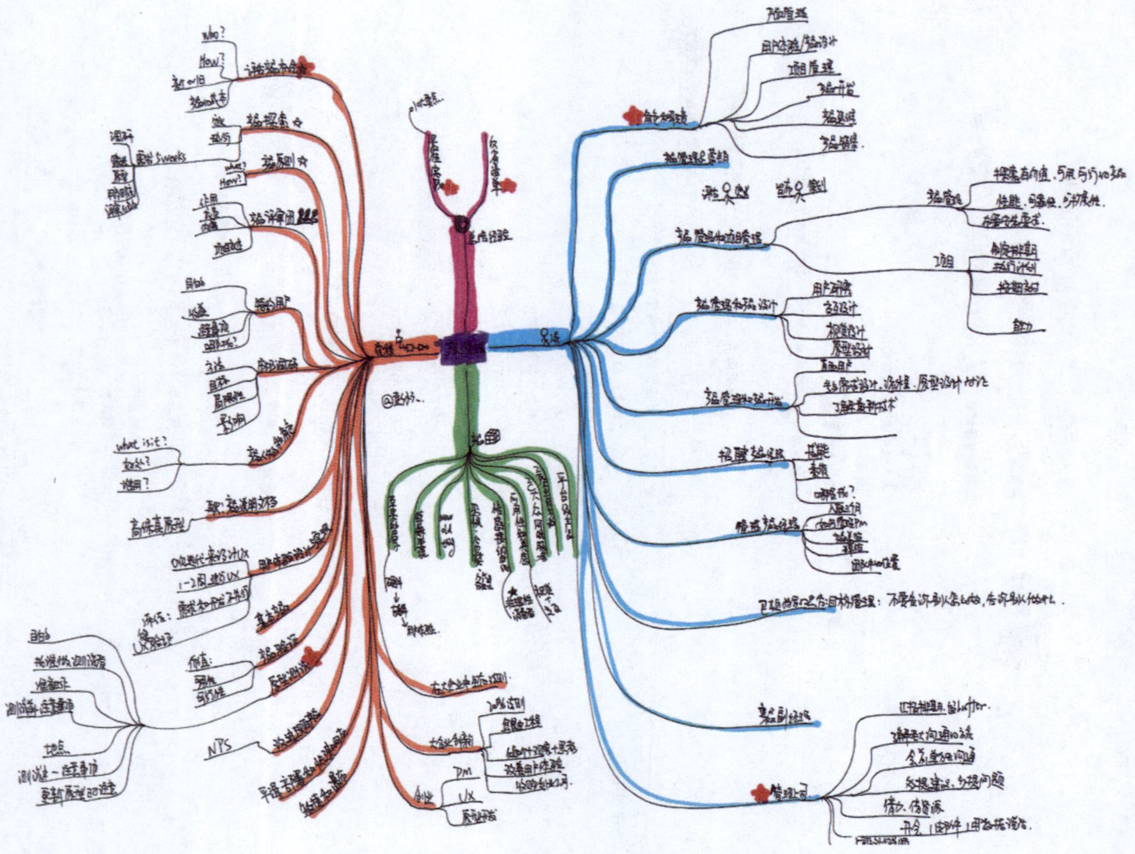

《启示录－打造用户信赖的产品》－读书笔记思维导图

有朋友提到画思维导图没有绘画功底，怎么办？

思维导图不需要任何绘画功底，我们又不是要进行画画比赛。

重要的是用图画把我们的想法表达出来，将枯燥的文字信息，转化为令大脑兴奋的彩色、图形化文字，帮助理解和记忆。

在思维导图的绘制时，想法才是最重要的，其他都是浮云。

思维导图的介绍

什么是思维导图？

- 思维导图（Mind Map）是由国际著名大脑开发权威托尼·布赞（Tony Buzan）研发的一种全脑思考的技巧；
- 它是一种非常实用和应用领域甚广的思维工具。用得最为频繁的领域有个人、商务及职业、教育及未来用途。

为什么要在工作中使用思维导图？

- 加快思考的速度，直达关键重点，解决问题；
- 总揽全局及掌握整体，提供策略及提升工作执行；
- 会议引导、展示、演讲；
- 创意提案，开发新产品及活动企划；
- 增加团队士气，有效沟通；

思维导图的特征

1. 关注的焦点清晰地集中在中央图像上；

2．主题作为分支从中央图像向四周放射；

3．分支由一个关键图像或者印在相关线条上的关键词构成，比较不重要的话题也以分支形式表现出来，附在较高层次的分支上；

4．各分支形成一个相互连接的节点结构。

思维导图绘制的要素

- 中心图(主题)——你的目标或前景是什么？
- 分支——构成目标的次级目标和类别是什么？这些次级目标和类别又可以进行哪些延伸？
- 关键词——怎样用一个简单的词语来进行总结？
- 图像——人类的大脑记忆图像比记忆文字更容易些，也就是为什么思维导图要用图像来表示？
- 色彩——多用色彩思考，动用全脑进行记忆。

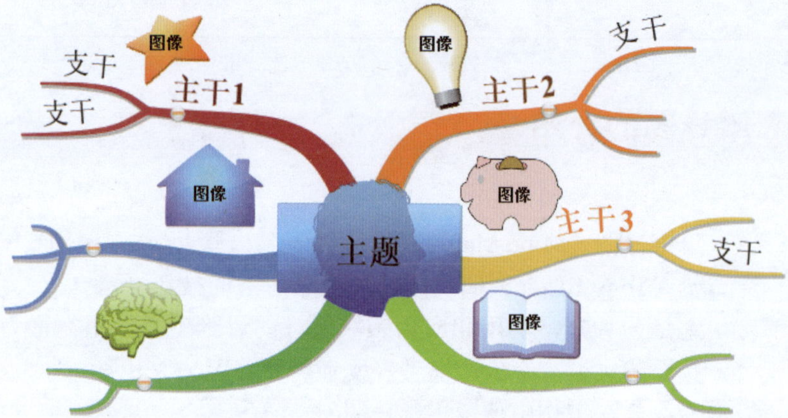

如何练习思维导图？

- 同时把握全局和细节的规划能力；
- 获得和掌握大量信息，开发并优化你的大脑处理数据的能力；
- 逻辑思考能力；
- 会议引导与组织能力；
- 演讲与写作能力。

10 分钟快速学会画思维导图

接下来呢，我们准备用 10 分钟的时间快速学会画思维导图。

你需要准备一下：

- 首先，请拿出一张稿纸；
- 尽可能全面地回忆上一节 [思维导图的介绍] 所讲到的内容；
- 把想到的要点全部写在纸上；
- 限时：时间 2 分钟。

怎么样？能写出来么？这时候你会发现我们原来的逐条记录的方式好像没有对我们的记忆提供太大的帮助，我们会发现：

- 看过一遍就忘记了；
- 信息太多、太杂，没头绪；
- 没法筛选出有用信息；
- 记忆不准确。

别着急，让思维导图来帮你！

接下来跟着小六一步一步来做。

步骤 1：先画一个中心圆

- 将一张 A4 纸横放
- 在纸的中心画一个中心图

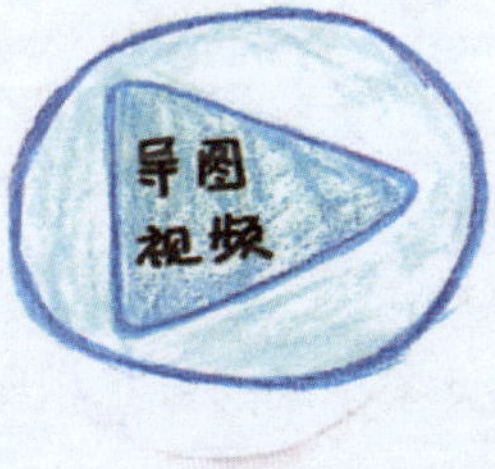

步骤 2：回想框架

- 回想大致框架：简介、收益、说明、导图介绍……

- 画出分支（平滑曲线，不要画折线），填写这些关键词
- 分支使用不同颜色的笔来进行绘制

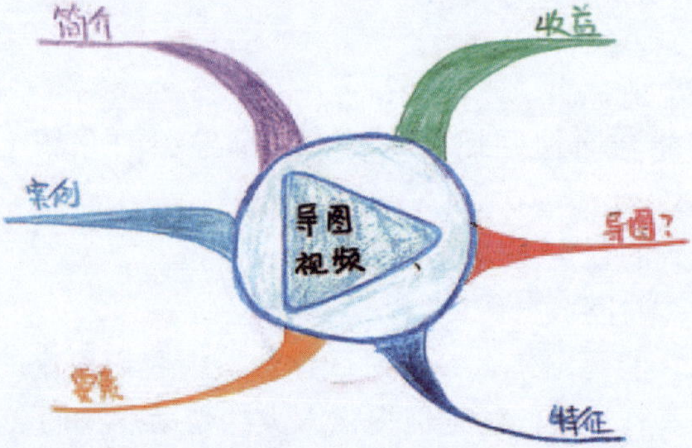

步骤 3：完善内容

根据框架提示，进一步回忆并完善各分支内容，在每个分支后面继续添加分支，每条一个关键词，如：

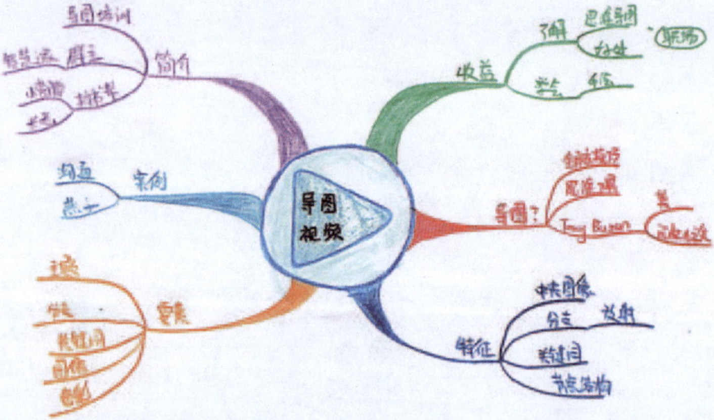

怎么样？和原来逐条记录的方式相比，思维导图的范式是不是更加容易让你记住内容？

其他：

除了记录和便于我们记忆，思维导图还是发散性思考的工具。

比如让我们在工作中需要进行联想和思考问题的时候，我们可以一边思考一边画出来：

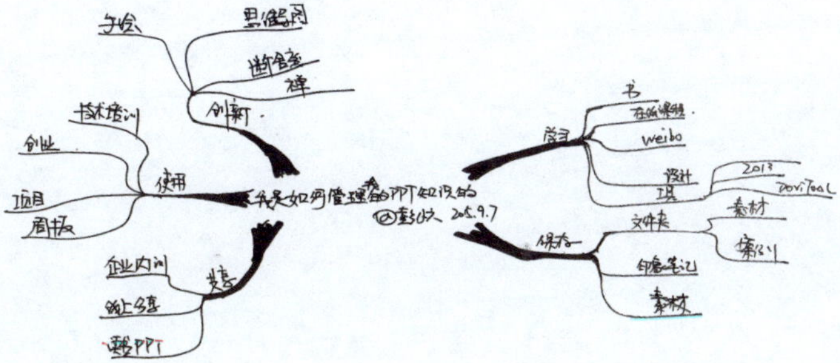

软件篇：

思维导图除了我们手绘，当然还可以通过软件来实现。

现在比较主流的 PC 端思维导图软件有 Xmind 和 Mindjet 两个品牌。

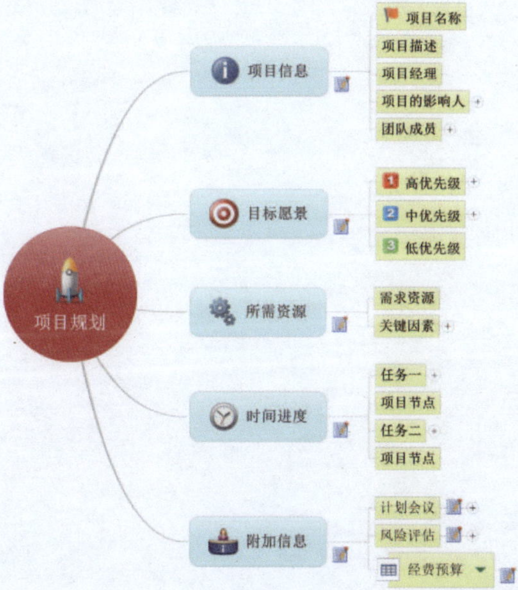

PC 端的思维导图